于雷 编著

人民邮电出版社
北京

图书在版编目（CIP）数据

练就超强大脑！：经典数学思维游戏大全 / 于雷编著. -- 北京：人民邮电出版社，2024.6
ISBN 978-7-115-63790-1

Ⅰ. ①练… Ⅱ. ①于… Ⅲ. ①智力游戏 Ⅳ. ①G898.2

中国国家版本馆CIP数据核字(2024)第042138号

免责声明

内容提要

数学思维游戏是自主性的思维训练，你可以在阅读游戏内容的过程中，锻炼自己的观察力和判断力；在绞尽脑汁寻求答案的过程中，锻炼自己的分析力和想象力；在一堆看似无用的信息中，找到关键的解题线索，得出最终答案。

本书收录了350余个充满智慧和趣味的数学思维游戏，每个游戏都极具代表性和独创性，它们内容丰富，难易有度，让读者不仅能够享受解题通关的乐趣，还能逐步揭示题目背后隐藏的数学知识，帮助读者不断强化思维能力，越玩越聪明。

◆ 编　　著　于　雷
　责任编辑　林振英
　责任印制　彭志环
◆ 人民邮电出版社出版发行　　北京市丰台区成寿寺路11号
　邮编　100164　　电子邮件　315@ptpress.com.cn
　网址　https://www.ptpress.com.cn
　北京市艺辉印刷有限公司印刷
◆ 开本：787×1092　1/32
　印张：7.25　　2024年6月第1版
　字数：172千字　　2024年6月北京第1次印刷

定价：39.80元

读者服务热线：(010)81055296　印装质量热线：(010)81055316
反盗版热线：(010)81055315
广告经营许可证：京东市监广登字20170147号

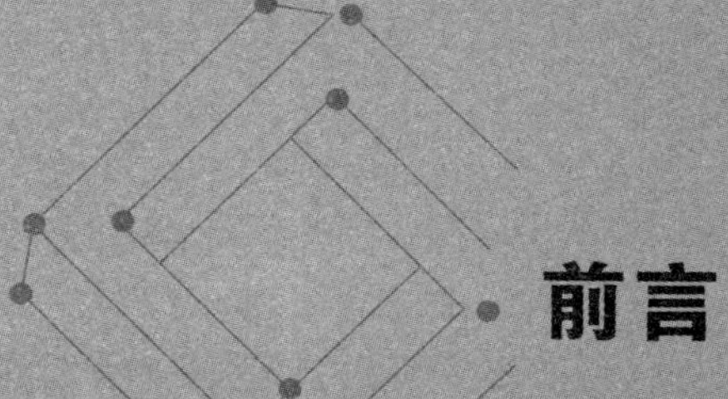

前言

数学知识和数学思想在人们日常生产生活中有着极其广泛的应用。著名数学家华罗庚曾说过："宇宙之大，粒子之微，火箭之速，化工之巧，地球之变，生物之谜，日用之繁，无处不用数学。"而数学思想、数学方法和数学技巧则是这一体系的重要组成部分。

然而，数学对许多人来说却是求学时期的噩梦。有时前面的知识和方法无法理解，导致后面的学习都无法跟上。有时即使内容都理解了，也可能因为粗心大意或者技巧掌握不足，依旧无法拿到高分。

其实，数学是一门很灵活的课程。锻炼的是人的逻辑思维能力。如果只是单纯、机械地做题，而不开动脑筋找规律、作总结，理解其中的数学思想和原理，发现各种题目的特点、差别，相应地运用不同的方法和技巧进行速算和巧算，是无法做到真正掌握其中奥妙的。

本书汇集了数百个经典的数学思维游戏，这些游戏巧妙地运用各种数学方法和技巧进行求解，灵活多样、不拘一格。这些解题方法有别于我们传统的数学方法，更具有技巧性和逻辑性。这些数学思维游戏不但可以培养我们对数学的兴趣，还可以训练超强的逻辑思维能力，使我们能够从一开始就站在不一样的起点上！

学好数学的几个建议如下。

1. 尽可能多地记数学基础知识。包括一些公式、定理、规律、方法、技巧、结论等。头脑中没有公式，解题时你就没有办法熟练应用。

2. 记数学笔记。特别是对概念理解的不同角度和一些数学规律、数学方法、数学技巧，一定要认真记下来，弄懂学透。

3. 建立纠错本。把平时容易出现犯错的知识点记下来，由果索因，把错误原因弄个水落石出，并从反面入手深入理解。争取做到：找错、析错、改错、防错。

4. 争做“小老师”。抓住一切机会给同学讲题，形成数学学习“互助小组”。只有给别人讲通了，才说明自己真正学透了。

5. 扩大数学视野。多做数学课外题，多看数学趣味题，扩大知识视野，训练数学思维。

6. 学会归纳总结分类。可以：从数学思想上分类；从解题方法上归类；从知识应用上分类。

目录

第一章

经典古算题

古代数学，起源于人类早期的生产活动，从最开始的“有”“无”“多”“少”等概念，到用“结绳”的方法来记事表数，再到后来商业、测量甚至预测天文事件等活动，逐渐产生了数学。我国古代把数学叫算术，又称算学，后来才改为数学。

经过盛唐的大发展，再到赵匡胤建立宋朝，农业、手工业、商业和科学技术得到更大发展。古代数学也在此时发展到了顶峰。随着印刷术的广泛应用，《九章算术》《周髀算经》《孙子算经》《五曹算经》《张丘建算经》等一大批流传至今的著名数学著作的刊印对数学知识的传播和普及产生了极为深远的影响。

其中，《九章算术》为现存最古老的中国数学著作之一。该书采用问题集的形式，一共记载了 246 道数学题，分为九章。

方田：与田亩丈量有关的面积、分数问题。

粟米：以谷物交换为例的各类比例问题。

衰分：按比例分配和等差数列问题。

少广：由田亩计算引出的分数、开方问题。

商功：与土木工程有关的体积问题。

均输：与摊派劳役和税收有关的加权比例问题。

盈不足：由二次假设求解二元问题的一类特殊问题。

方程：线性方程组问题。

勾股：勾股定理及其应用。

《九章算术》不仅最早提到分数问题，还在世界数学史上首次阐述了负数及其加减运算法则，并证明了高斯消元的公式，以及勾股定理等。

1261 年，杨辉在《九章算术》的基础上作《详解九章算法》，按方法分成乘除、互换、合率、分率、衰分、叠积、盈不足、方程、勾股九类。

三国时期数学家刘徽通过分割法把圆分为正 192 边形，计算得出圆周率在 3.141024 与 3.142704 之间。后来刘徽又发明了一种快捷算法，可以只用 96 边形达到和 1536 边形同等的精确度，得到圆周率近似为 3.1416。南北朝时期著名数学家祖冲之用刘徽割圆术把圆分割为 12288 边形，得出圆周率为 3.1415926，成为此后近千年世界上最精确的圆周率。

《孙子算经》大约成书于公元四五世纪，即南北朝时期，是中国古代重要的数学著作。其中，被世界公认为最卓越的发现是孙子定理，也称为中国剩余定理。原题叫作“物不知数”问题，原文如下：

有物不知其数，三三数之剩二，五五数之剩三，七七数之剩二。问物几何？

即：一个整数除以三余二，除以五余三，除以七余二，求这个整数。

《孙子算经》中首次提到了这种一元线性同余方程组的问题，及其具体的解法。而这种同余问题直到 1801 年才被德国数学家高斯解决。

还有著名的鸡兔同笼问题，也出自《孙子算经》，原文如下。

今有雉兔同笼，上有三十五头，下有九十四足，问雉兔各几何？

即：有若干只鸡和兔同在一个笼子里，从上面数，有 35 个头，从下面数，有 94 只脚。问笼中鸡有多少只？兔有多少只？

“鸡兔同笼”问题的解法很多，如以兔脚为主元或以鸡脚为主元，采用算术方法或代数法等。

另外还有其他一些简便算法。

基本思路

（1）假设，即假设某种现象存在（甲和乙一样或者乙和甲一样）；

（2）假设后，发生了和题目条件不同的差，找出这个差是多少；

（3）每个事物造成的差是固定的，从而找出出现这个差的原因；

（4）再根据这两个差作适当的调整，消去出现的差。

基本公式

（1）把所有鸡假设成兔子：鸡数 =（兔脚数 × 总头数 − 总脚数）÷（兔脚数 − 鸡脚数）；

（2）把所有兔子假设成鸡：兔数 =（总脚数 − 鸡脚数 × 总头数）÷（兔脚数 − 鸡脚数）。

关键问题：找出总量的差与单位量的差。

看到这里，我们就不得不感叹古人的智慧！

1. 运米问题

初级　　难度星级：☆☆☆☆★　　知识点：列方程

《九章算术》是我国最古老的数学著作之一，全书共分九章，有 246 道题。其中一道大概意思是这样的：一个人用车装米，从甲地运往乙地，装米的车日行 25 千米，不装米的空车日行 35 千米，5 日往返 3 次，问两地相距多少千米？

2. 洗碗问题

中级　　难度星级：☆☆☆★★　　知识点：分数方程

我国古代《孙子算经》中有一道著名的“河上荡杯”题（注：荡杯即洗碗的意思）。题目大意是：一位农妇在河边洗碗。邻居问：

“你家里来了多少客人，要用这么多碗？”她答道：“客人每两位合用一只饭碗，每 3 位合用一只汤碗，每 4 位合用一只菜碗，一共洗了 65 只碗。”

请问，她家里究竟来了多少位客人？

3. 三女归家

中级　　难度星级：☆☆☆★★　　知识点：最小公倍数

今有三女，长女五日一归，中女四日一归，少女三日一归。问三女何日相会？

意思是：一家有 3 个女儿都已出嫁。大女儿 5 天回一次娘家，二女儿 4 天回一次娘家，小女儿 3 天回一次娘家。3 个女儿从娘家同一天走后，至少再隔多少天，3 人可以再次在娘家相会？

4. 鸡兔同笼

中级　　难度星级：☆☆☆★★　　知识点：列方程

今有鸡兔同笼，上有 35 个头，下有 94 只脚。问鸡兔各几只？

5. 韩信点兵（1）

中级　　难度星级：☆☆★★★　　知识点：最小公倍数

韩信率军出征，他想知道一共带了多少士兵，于是命令士兵每 10 人一排排好，排到最后发现缺 1 人。

他认为这样不吉利，就改为每 9 人一排，可最后一排又缺了 1 人；

改成 8 人一排，最后一排仍缺 1 人；

7 人一排，缺 1 人；

6 人一排，缺 1 人；

5 人一排，缺 1 人；

4 人一排，缺 1 人；

3 人一排，缺 1 人；

直到 2 人一排还是缺 1 人。

韩信仰天长叹，难道这场仗注定要以失败告终吗！

你能算出韩信至少带了多少士兵吗？

6. 韩信点兵（2）

中级　　难度星级：☆☆☆★★　　知识点：最小公倍数

我国古代有一位大将，名叫韩信。据说他每次集合部队，都要求部下报 3 次数，第一次按 1 ~ 3 报数，第二次按 1 ~ 5 报数，第三次按 1 ~ 7 报数，每次报数后都要求最后 1 个人报告他报的数是几，这样韩信就知道一共到了多少人。

某次，3 次报数的最后 1 个人报的数分别是 2、3、2。你能算出最少到了多少人吗?

7. 余米推数

中级　　难度星级：☆☆☆★★　　知识点：整除和余数

一天夜里，某粮店遭窃，店里的 3 箩米所剩无几。官府派人勘查现场后发现，3 个同样大小的箩，第一个剩 1 合米（合是一种传统米容器，10 合为 1 升，10 升为 1 斗，10 斗为 1 石），第 2 个剩 14 合米，第 3 个剩 1 合米。当问及店老板丢失多少米时，回答说，只记得原来 3 箩米是一样多的，具体丢多少不清楚。后来抓到了 3 名盗贼，他们供认：甲用马勺从第 1 箩里掏米，乙用木履从第 2 箩里掏米，丙用大碗从第 3 箩里掏米，每次都掏满。经测量，马勺容量为 19 合，木履容量为 17 合，大碗容量为 12 合。

问 3 名盗贼各偷走了多少米?

8. 兔子问题

中级　　难度星级：☆☆★★★　　知识点：数列

如果每对大兔每月生 1 对小兔，而每对小兔生长 1 个月就能成为大兔，并且所有的兔子全部存活，那么有人养了初生的 1 对小兔，1 年后共有多少对兔子？

9. 数不知总

高级　　难度星级：☆★★★★　　知识点：余数

现在有一个数，不知道是多少。用 5 除可以除尽；用 715 除，余数为 10；用 247 除，余数是 140；用 391 除，余数是 245；用 187 除，余数是 109。问这个数是多少？

10. 利息问题

中级　　难度星级：☆☆☆★★　　知识点：等比数列

一个债主拿借方的绢作为抵押品，债务过期 1 天要缴纳 1 尺绢作为利息，过期 2 天利息是 2 尺，这样，每天的利息都要比前一天增加 1 尺。现在请问，如果过期 100 天，共需要缴纳多少尺绢的利息？

11. 三女刺绣

中级　　难度星级：☆☆☆★★　　知识点：工程问题

有 3 个女子各绣一块花样，大女儿用了 7 天绣完，二女儿用了 8 天半绣完，小女儿用了 $9\frac{2}{3}$ 天绣完。现在 3 个女子一起来绣这块花样，得用多少天绣完？

12. 有女善织

中级　　难度星级：☆☆☆★★　　知识点：等比数列

有一位善于织布的妇女，每天织的布都比前一天翻一番。5 天共织了 62 尺布，请问她这 5 天每天各织布多少尺?

13. 五家共井

中级　　难度星级：☆☆☆★★　　知识点：方程组

现在有 5 家共用一口井，甲、乙、丙、丁、戊 5 家各有一条绳子汲水（下面用文字表示每一家的绳子）：甲 ×2+ 乙 = 井深，乙 ×3+ 丙 = 井深，丙 ×4+ 丁 = 井深，丁 ×5+ 戊 = 井深，戊 ×6+ 甲 = 井深，求甲、乙、丙、丁、戊各家绳子的长度和井深（求最小正整数解）。

14. 关税问题

中级　　难度星级：☆☆☆★★　　知识点：分数方程

某人拿金子过 5 个关口，第 1 关收税$\frac{1}{2}$，第 2 关收税$\frac{1}{3}$，第 3、4、5 关分别收税$\frac{1}{4}$、$\frac{1}{5}$、$\frac{1}{6}$。一共被收的税正好有 1 斤重。问原来拿了多少金子？

15. 相遇问题

中级　　难度星级：☆☆★★★　　知识点：相遇问题

甲从长安出发，需 5 天时间到达临淄；乙从临淄出发，需 7 天时间到达长安。现在乙从齐出发 2 天后，甲才从长安出发。问几天后两人相遇？

16. 紫草染绢

中级　　难度星级：☆☆★★★　　知识点：分数方程

用 1 匹绢能换紫草 30 斤，这 30 斤紫草能染 25 尺绢。现在有 7 匹绢，准备用其中一部分去换紫草，来染剩下的绢。问：要拿多少绢去换紫草？换多少斤紫草？

按古法：1 匹等于 4 丈，1 丈等于 10 尺。

17. 木长几何

中级　　难度星级：☆☆☆★★　　知识点：解方程

用 1 根绳子去量 1 根长木头，绳子还剩余 4.5 尺，将绳子对折后再量长木，长木多出 1 尺，问长木头有多长?

18. 良马与驽马

中级　　难度星级：☆☆★★★　　知识点：相遇问题

有好马和劣马同时从长安出发去齐。齐距离长安 3000 里。好马第一天走 193 里，以后每天比前一天增加 13 里；劣马第一天走

97 里，以后每天比前一天减少半里。好马先到达齐，马上回头去迎接劣马。问一共走了多少天 2 匹马才能相遇？这时两马各走了多少里？

19. 耗子穿墙

中级　　难度星级：☆☆★★★　　知识点：等比数列

有 2 只老鼠想见面，可是隔着一堵墙，于是它们齐声喊道："咱们一起打洞吧！"于是，它们找了一处对着的地方打起洞来。这 2 只老鼠一大一小，头一天各打进墙内 1 尺。大鼠越干越有劲，以后每天的进尺都比前一天多 1 倍；小鼠越干越累，以后每天的进尺都是前一天的一半。现在知道墙壁厚 5 尺，问几天后它们才能会面？大小老鼠各打穿了几尺？

20. 余数问题

高级　　难度星级：☆★★★★　　知识点：整除和余数

一个数，用 2 除余 1，用 5 除余 2，用 7 除余 3，用 9 除余 4，问这个数最小是几？

21. 汉诺塔问题

中级　　难度星级：☆☆★★★　　知识点：乘方

古印度有个传说：神庙里有 3 根金刚石棒，第一根上面套着 64 个圆金片，自下而上从大到小摆放。有人预言，如果把第 1 根石棒上的金片全部搬到第 3 根上，世界末日就来了。当然，搬动这些金片是有一定规则的，可以借用中间的一根棒，但每次只能搬动 1 个金片，且大的金片不能放在小的金片上面。为了不让世界末日到来，神庙众高僧日夜守护，不让其他人靠近。这时候，一个数学家路过此地，看到这样的情景，笑了！

他为什么笑？

22. 铜币问题

中级　难度星级：☆☆★★★　知识点：和差倍问题

某人对一个朋友说："如果你给我 100 枚铜币，我将比你富有 3 倍。"朋友回答说："你只要给我 10 枚铜币，我就比你富有 7 倍。"问这两人各有多少铜币？

23. 七猫问题

中级　难度星级：☆☆★★★　知识点：乘方

在 7 间房子里，每间都养着 7 只猫；在这 7 只猫中，不论哪只，都能捕到 7 只老鼠；而这 7 只老鼠，每只都要吃掉 7 个麦穗；每个麦穗都能剥下 7 颗麦粒。

请问：房子、猫、老鼠、麦穗、麦粒，都加在一起总共应该有多少？

24. 黑蛇进洞

中级　难度星级：☆☆★★★　知识点：行程问题

一条长 80 安古拉（古印度长度单位）的大黑蛇，以 $\frac{5}{14}$ 天爬 $\frac{15}{2}$ 安古拉的速度爬进一个洞，而蛇尾每 $\frac{1}{4}$ 天却要长 $\frac{1}{4}$ 安古拉。请问黑蛇需要几天才能完全爬进洞？

25. 埃及金字塔的高度

高级　难度星级：☆★★★★　知识点：几何知识

世界闻名的金字塔，是古代埃及国王们的坟墓。这些建筑雄伟高大，形状像个"金"字，故而称为金字塔。它的底面是个正方形，塔身的四面是倾斜着的等腰三角形。2600 多年前，埃及有位国王，请来一位名叫法列士的学者测量金字塔的高度。

按照当时的条件，你知道该怎么计算吗?

26. 圆城问题（1）

中级　　难度星级：☆☆★★★　　知识点：几何知识

有一个圆城，不知道大小。城的四面各开一门，门外纵横有几条十字大道。将西北两条大道的交点 A 处定为乾地。乙从圆城的南门出去，即往东走，走 72 步时站住；甲从乾地往南走 600 步，看到乙时视线正好贴着城边。问这个圆城的直径是多少步？

如图所示：

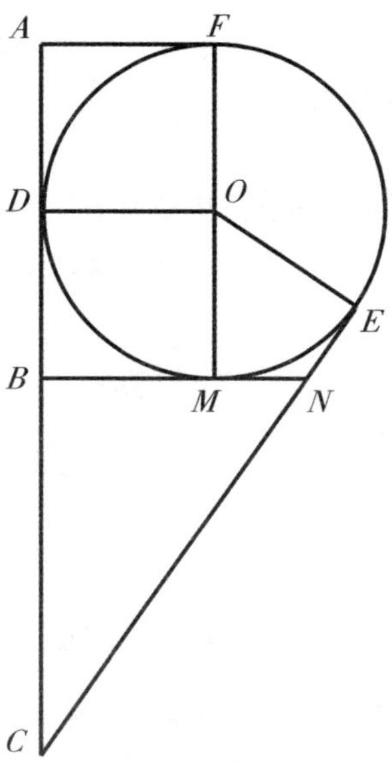

27. 圆城问题（2）

中级　　难度星级：☆☆★★★　　知识点：几何知识

圆城的南门外有一株槐树 A，东门外有一株柳树 B。甲从北门出来往东走。丙从西门出来往南走，当他们走了一段路站下时，发现两人所站的位置与槐树、柳树正好在一条直线上，而且这条直线恰好与城相切。然后，丙朝柳树方向走，走了 544 步到柳树下；甲朝槐树走去，走了 425 步到槐树下。问这个圆城的直径是多少步？

注：步为古代长度单位，相当于$\frac{5}{3}$丈。丈也是古代长度单位，1 丈约为 3.33 米。

28. 方城问题

中级　　难度星级：☆☆★★★　　知识点：几何知识

有一座十里见方的城，正东、正西、正南、正北各开一门。甲、乙两人分别从城中心出发。乙出东门一直走；甲出了南门，不知道走了多远，便开始转朝着东北方向走去，路线正好贴着城边，就这样一直走，恰好与乙会和。甲与乙的速度比是 5∶3，问甲、乙分别走了多远的路？

29. 葭生池中

中级　　难度星级：☆☆★★★　　知识点：几何知识

有一个一丈见方的池塘，正中心生长着一棵芦苇。把芦苇的尖端引到岸边，正好与河岸齐平。问池塘的深度和芦苇的高度各是多少？

30. 造仰观台

中级　　难度星级：☆☆★★★　　知识点：几何知识

假设太史官要建造一座梯形的观象台，下底的宽、长都大于上底的宽、长。上、下宽差 2 丈，上、下长差 4 丈，上底的长与宽差 3 丈，高比上底宽多 11 丈。甲县派 1418 人，乙县派 3222 人参加建台，夏季施工，每人每日能筑75立方尺，限5日完成。求台的宽、高、长各是多少？注：梯形台体积公式为 $V=[2ab+2cd+ac+bd]h/6$（a、b 为上底长与宽，c、d 为下底长与宽）。

31. 望海岛

中级　　难度星级：☆☆★★★　　知识点：几何知识

如图所示，假设要测量海岛 AB 的高度，先立两根柱子 CD 和 EF，高均为 5 步，两根柱子的距离 DF 为 1000 步，令柱子 EF、柱子 CD 和海岛在同一直线上。人面向海岛，从柱子 CD 向后退 123 步，人的眼睛贴着地面正好可以从柱子顶端观测到岛峰；从柱子 EF 向后退 127 步，人的眼睛贴着地面正好可以从柱子 EF 顶观测到岛峰。问这个岛高多少？及岛与柱子 CD 相距多远？

注：古代一里为 180 丈，一丈 $=\frac{5}{3}$ 步，一步 =6 尺，一尺 = 10 寸。

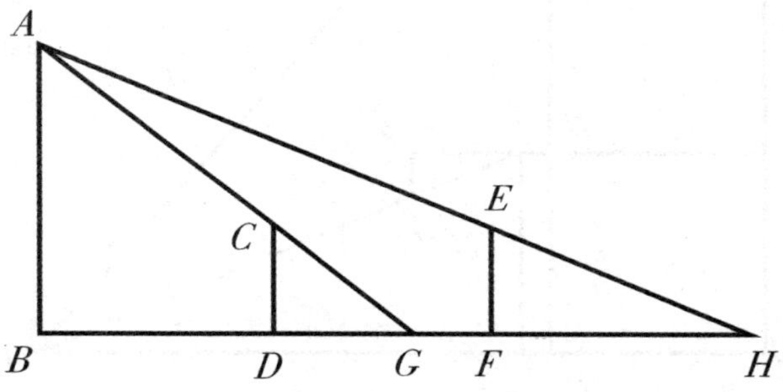

32. 临台测水

中级　　难度星级：☆☆★★★　　知识点：几何知识

如图所示：水边有一座城台 *BDLK*，台高 *BD*=30 尺，在上面建楼。城台离台脚的距离 *DE*=2 尺，台脚下是护坡。在护坡上打桩 *FG*，桩离台脚的距离 *EF*=12 尺，桩露出地面的高度 *FG*=5 尺，顶端与台脚齐平。涨水时，水位正好达到台脚高度。现在退潮，不知道水退去多少，水位到达 *MJ* 一线。有一个人在台顶楼上栏杆的空隙处挑出一根竿子 *BC*，望到水边（*J* 点），视线正好通过竿的顶端 *C*。这时，人站立的地方离竿的顶端 *BC*=4.15 尺，眼睛的位置离楼面的高度 *AB*=5 尺。

求水退去的深度。

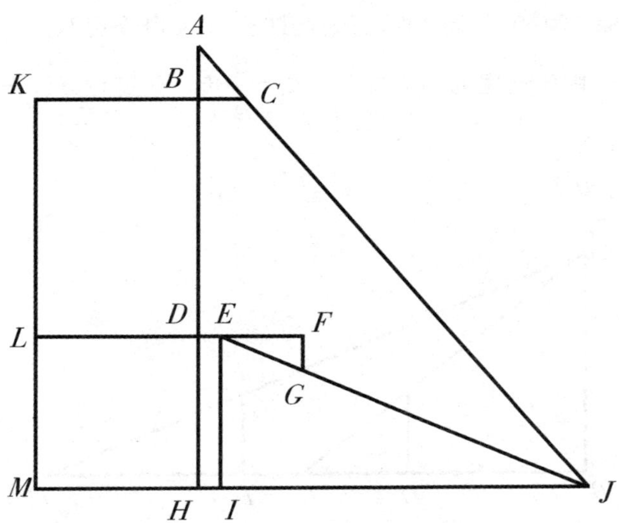

33. 圆木问题

中级　　难度星级：☆☆★★★　　知识点：几何知识

有一根圆木被埋在了墙里，不知它有多粗。用锯锯 1 寸深，锯道长 1 尺。问这个圆木的直径是多少？

34. 筑堤问题

中级　　难度星级：☆☆★★★　　知识点：等差数列

官府派遣民夫 1864 人去修堤，第一天派 64 人，以后每天增加 7 个人。每人每天发 3 升米，共发了 430 石 9 斗 2 升米。问共修堤几天？

注：用总人数算出天数，再用总米数算出天数，互相对照。

1 石为 10 斗，1 斗为 10 升。

35. 割草问题

高级　　难度星级：☆★★★★　　知识点：分数方程

一组割草人要把两块草地上的草割完。大草地的面积是小草地的面积的 2 倍，上午全部人都在大草地上割草。下午一半人仍留在大草地上，到傍晚时把大草地的草割完。另一半人去割小草地的草，到傍晚还剩下一部分，这一部分由 1 个割草人再用一天时间刚好割完。

问这组割草人共有多少人?（假设每个割草人的割草速度都相同。）

36. 跑狗问题

中级　　难度星级：☆☆★★★　　知识点：相遇问题

甲、乙两人相向而行，距离为 50 千米。甲每小时走 3 千米，乙每小时走 2 千米，甲带一只狗，狗每小时跑 5 千米。狗跑得比人快，同甲一起出发，碰到乙后又往甲方向走，碰到甲后又往乙方向走，这样继续下去，直到甲、乙两人相遇时，这只狗一共跑了多少千米？假设狗的速度恒定，且不计转弯的时间。

37. 散步问题

高级　　难度星级：☆★★★★　　知识点：组合

一个学校有 15 名女生，她们每天要做三人行的散步，要使每个女生在一周内的每天做三人行散步时，与其他同学在组成三人小组同行时，彼此只有一次相遇在同一小组内，应怎样安排？

38. 阿基米德分牛

中级　　难度星级：☆☆★★★　　知识点：方程组

太阳神有一牛群，由白、黑、花、棕 4 种颜色的公、母牛组成，在公牛中，白牛数多于棕牛数，多出之数相当于黑牛数的$\frac{1}{2}$；黑牛数多于棕牛数，多出之数相当于花牛数的$\frac{1}{3}$；花牛数多于棕牛数，多出之数相当于白牛数的$\frac{1}{4}$。

在母牛中，白牛数是全体黑牛（包括公牛）数的$\frac{1}{3}$；黑牛数是全体花牛数$\frac{1}{4}$；花牛数是全体棕牛数的$\frac{1}{5}$；棕牛数是全体白牛数的$\frac{1}{6}$。

问这群牛最少有多少头，是怎样组成的?

39. 哥德巴赫猜想

中级　　难度星级：☆☆★★★　　知识点：哥德巴赫猜想

哥德巴赫是 200 多年前德国的数学家。他发现一个规律：

每个大于或等于 6 的偶数，都可以写成两个素数的和（简称“1+1”）。如：10=3+7，16=5+11 等。他检验了很多偶数，都表明这个结论是正确的。但他无法从理论上证明这个结论是对的。1748 年他写信给当时很有名望的大数学家欧拉，请他指导。欧拉回信说，他相信这个结论是正确的，但也无法证明。因为没有从理论上得到证明，所以这个问题只是一种猜想，我们就把哥德巴赫提出的这个问题称为哥德巴赫猜想。

世界上许多数学家为证明这个猜想做出了很大的努力，这个问题也由“1+4”发展到“1+3”，到 1966 年我国数学家陈景润证明了“1+2”。也就是任何一个充分大的偶数，都可表示成两个数的和，其中一个是素数，另一个或者是素数，或者是两个素数的积。

你能把下面各偶数，写成两个素数的和吗？

（1）100=

（2）50=

（3）20=

40. 三十六军官问题

中级　　难度星级：☆☆☆★★　　知识点：方阵

从不同的6个军团中各选6种不同军阶的6名军官共36人，排成一个6行6列的方队，使得各行各列的6名军官恰好来自不同的军团而且军阶各不相同，应如何排这个方队？

41. 分酒问题

中级　　难度星级：☆☆★★★　　知识点：凑数法

某人有8升酒，想把一半赠给别人，但没有4升的容器，只有一个3升和一个5升的容器。利用这两个容器，怎样才能用最少的次数把这8升酒分成相等的两份？

42. 牛吃草问题

高级　　难度星级：☆★★★★　　知识点：解方程

牧场上有一片青草，每天都生长得一样快。这片青草供给10头牛吃，可以吃22天；供给16头牛吃，可以吃10天。如果供给25头牛吃，可以吃几天？

43. 七个7

高级　　难度星级：★★★★★　　知识点：除式问题

下面是一个特殊的除式问题（如图所示），请你把这个特殊的除式填完整。

```
                xx7xx
xxxx7x ) xx7xxxxxxx
         xxxxxx
         xxxxx7x
         xxxxxxx
           x7xxxx
           x7xxxx
           xxxxxxx
           xxxx7xx
             xxxxxx
             xxxxxx
                  0
```

44. 蜜蜂问题

中级　　难度星级：☆☆☆★★　　知识点：分数方程

公园里有甲、乙两种花，有一群蜜蜂飞来。$\frac{1}{5}$落在菜花上，$\frac{1}{3}$落在莲花上，如果还有落在这两种花上的两小群蜜蜂数量之差的 3 倍的蜜蜂去采蜜，那么剩下的最后 1 只绕着樱花上下飞。请问这群蜜蜂的总数是多少?

45. 短衣问题

中级　　难度星级：☆☆☆★★　　知识点：分数方程

有一个雇主约定每年给工人 12 元钱和一件短衣，工人做工满 7 个月时想要离去，雇主按比例给了他 5 元钱和一件短衣。请问，这件短衣价值多少钱?

46. 领导问题

中级　　难度星级：☆☆☆★★　　知识点：分数

有人问船长，在他的领导下有多少人，他回答说：“$\frac{2}{5}$的人去站岗，$\frac{2}{7}$的人在吃饭，$\frac{1}{4}$的人在住院，剩下 27 人现在在船上。”

请问在他的领导下共有多少人？

47．遗产问题

高级　　难度星级：☆★★★★　　知识点：分数问题

一位父亲，临终时嘱咐他的儿子们这样来分配他的财产：第一个儿子分得 100 克朗和剩下财产的$\frac{1}{10}$；第二个儿子分得 200 克朗和剩下财产的$\frac{1}{10}$；第三个儿子分得 300 克朗和剩下财产的$\frac{1}{10}$；第四个儿子分得 400 克朗和剩下财产的$\frac{1}{10}$……按这种方法一直分下去，最后，每一个儿子所得财产一样多。

问：这位父亲共有几个儿子？每个儿子分得多少财产？这位父亲共留下了多少财产？

48．遗嘱问题

中级　　难度星级：☆☆☆★★　　知识点：列方程

传说，有一个古罗马人，在他临死时，给怀孕的妻子写了一份遗嘱：生下来的如果是儿子，就把遗产的$\frac{2}{3}$给儿子，母亲拿$\frac{1}{3}$；生下来的如果是女儿，就把遗产的$\frac{1}{3}$给女儿，母亲拿$\frac{2}{3}$。结果这位妻子生了一男一女，该怎样分配，才能接近遗嘱的要求呢？

第二章

精密计算

数学不仅仅是课堂上的一门学科，在日常生活中同样发挥着重要作用。许多生活中的问题可以通过精密的数学计算来解决。

比如，在购物时，商家经常会推出各种折扣的促销活动。各种打折、满减、返券……对消费者而言，计算折扣后的价格是一个不容忽视的问题。计算折扣的公式很简单：折扣价格 = 原价 × 折扣比例。例如，一件原价为 100 元的商品打八折，那么折扣后的价格为 100×0.8 = 80 元。通过这个简单的公式，就可以快速帮助我们做出更明智的购物决策。

再比如计算饮食能量的摄入。随着生活水平的提升，健康越来越受到广泛的重视。越来越多的人在饮食前开始计算摄入量。总热量 = 每 100 克食物的热量 × 食用量（克数）÷100。通过这个公式，我们可以快速计算出每天的饮食摄入量，帮助我们保持健康的身体。

此外，利用数学计算还可以解决很多生活中的小问题。

一张报纸可以对折 10 次吗？

小明："如果你可以把这张报纸对折 10 次，我就把我的变形金刚送给你。"

小红："这有什么难的，我应该可以的。"

你认为可以把一张报纸对折 10 次吗？

答案是不可能！

我们常见的报纸一般是 4 开大小的，展开以后宽 78 厘米，高 54 厘米，厚度约 0.75 毫米。

每对折一次，张数（厚度）就会翻一倍，面积会小一半。所以，对折 1 次就成了 2 张，对折 2 次就是 4 张……对折 9 次就有 512 张，厚约 38 厘米。而面积也会变成原来的$\frac{1}{512}$，即只有 78 厘米 ×54 厘米 ÷512 ≈ 8 厘米^2。这么小的一叠纸，加上厚度又太厚，是很难再对折的。所以一张报纸要想对折 10 次是不可能的。在实际操作的时候，对折的纸还会有一个反抗的张力，会让我们对折变得更加困难。一般一张报纸只能对折 7 次左右，到第 8 次就变得很困难了。有兴趣的小朋友们可以试试看！

那怎样才能让对折的次数增加呢？

关键是纸要够长，而且厚度尽量薄。当然，还要有足够的韧性，能够禁得住对折。如果纸的长度足够长，对折 10 次以上也是可以实现的。

粗略计算一下，如果纸长 1024 米，对折 10 次以后长度会缩减到 1 米，厚度（仍以单张厚度 0.75 毫米计算）达到了 77 厘米，加上纸张之间不会结合得那么紧密，厚度会达到近 1 米……不过，理论上只要纸张够长够薄，对折 10 次以上也不是不可能的事情。据说美国得克萨斯州圣马克中学的师生们就曾经将一张接近 4 千米长的厕纸对折了 13 次。不过这件事操作起来……想想还是算了吧！

生活中还有很多看起来很复杂的决策，都可以用数学计算来解决。例如计算距离和时间，决定走哪条路上班；计算一下事情发生的概率，看作什么更容易成功；想要买房子，计算一下每个月需要还多少贷款……

与其浑浑噩噩地接受命运的安排，不如有点理性决策的精神，把决策变成一个数学问题，给自己增加一些底气。

49. 保持平衡

中级　　难度星级：☆☆☆★★　　知识点：方程

仔细观察下图中的滑轮，每个相同形状的物体的重量都是相同的，前 3 个滑轮系统都是平衡状态，请问第 4 个滑轮系统要用多重的物体才能使其保持平衡？

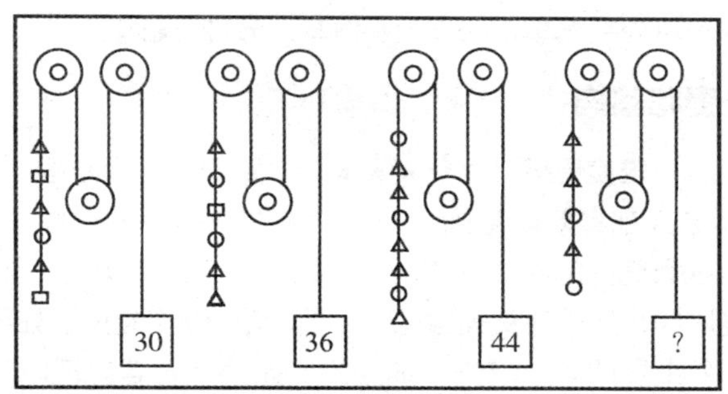

50. 抢糖果

高级　　难度星级：☆★★★★　　知识点：分组

爸爸出差给孩子带回来一包糖果，一共正好有 100 颗，爸爸让 2 个孩子从这堆糖果中轮流拿糖，谁能拿到最后一颗糖果，谁为胜利者，爸爸会奖励一个神秘的礼物。当然拿糖是有一定条件的：每个人每次拿的糖至少要有 1 颗，但最多不能超过 5 颗。请问：如果你是弟弟，你先拿，你该拿几个？以后怎么拿就能保证你能得到最后一颗糖果呢？

51. 投资问题

中级　　难度星级：☆☆★★★　　知识点：分数

甲、乙 2 人合伙做生意，甲投入的资本是乙的 1.5 倍。这时丙也要入伙，他拿出了 250 万元钱来投资。这时，甲、乙、丙想让他们 3 个人占有的股份都相等，所以决定将这 250 万元由甲、乙两人瓜分。那么，他们该如何分这笔钱呢？

52. 公共汽车

中级　　难度星级：☆☆★★★　　知识点：方程

一个人沿着街走，每 2 分钟迎面开来一辆公共汽车，每 8 分钟身后开来一辆公共汽车，问该公共汽车几分钟一趟车？

53. 夫妻吃猪肉

中级　　难度星级：☆☆★★★　　知识点：列方程

夫妻 2 人都喜欢吃猪肉，但是丈夫在有瘦肉的时候只吃瘦肉，而他老婆在有肥肉的时候只吃肥肉。如果两个人一起吃，60 天可以吃光一桶肥肉；如果让丈夫自己吃，他能吃 30 个星期。如果两个人一起吃，8 个星期可以吃光一桶瘦肉；如果让老婆自己吃，她能吃 40 个星期。试问：他们夫妻两人一起吃，把一桶一半是瘦肉，一半是肥肉的混合猪肉吃光，需要多长时间？

54. 冰雹数列

高级　　难度星级：☆★★★★　　知识点：数字规律

随便想一个数。如果它是奇数，则把它乘以 3 再加 1。如果它是偶数，则把它除以 2。对每一个新产生的数都运用这个规则。你知道会发生什么情况吗?

让我们从 1 开始，你将得到: 1、4、2、1、4、2、1、4、2……

从 2 开始，你得到: 2、1、4、2、1、4、2、1、4……

从 3 开始，你得到: 3、10、5、16、8、4、2、1、4、2、1……

很快你就会发现上述数列最终都会以 1、4、2 循环下去。但是不是从任何一个数开始都会有这种性质呢? 你可以用 7 试试。

55. 午餐分钱

中级　　难度星级：☆☆★★★　　知识点：分数

约克和汤姆结对旅游，他们一起吃午餐。约克带了 3 块饼，汤姆带了 5 块饼。这时，有一个路人路过，路人饿了。约克和汤姆邀请他一起吃饭。约克、汤姆和路人将 8 块饼全部吃完。吃完饭后，路人感谢他们的午餐，给了他们 8 个金币。

约克和汤姆为这 8 个金币的分配展开了争执。汤姆说："我带了 5 块饼，理应我得 5 个金币，你得 3 个金币。"约克不同意："既然我们在一起吃这 8 块饼，理应平分这 8 个金币。"约克坚持认为每人各得 4 个金币。为此，约克找到了公正的法官。

法官说："孩子，汤姆给你 3 个金币，因为你们是朋友，你应该接受它；如果你要公正的话，那么我告诉你，公正的分法是，你应当得到 1 个金币，而你的朋友汤姆应当得到 7 个金币。"

约克不理解。大家知道这是为什么吗？

56. 运动员和乌龟赛跑

高级　　难度星级：☆★★★★　　知识点：等比数列

历史上曾经有一个非常著名的逻辑学悖论，叫阿基里斯追不上乌龟。

内容很有趣，说的是一名长跑运动员叫阿基里斯。一次，他和一只乌龟赛跑。假设运动员的速度是乌龟的 12 倍，这场比赛的结果是显而易见的，乌龟一定会输。

现在我们把乌龟的起跑线放在运动员前面 12 千米处。那么结果会是如何呢？

有人认为，这名运动员永远也追不上乌龟！

理由是：当运动员跑了 12 千米时，那只乌龟也跑了 1 千米，在运动员的前面。

当运动员又跑了 1 千米的时候，那只乌龟又跑了 $\frac{1}{12}$ 千米，还是在运动员前面。

就这样一直跑下去，虽然每次距离都在拉近，但是运动员每次都必须先到达乌龟的起始地点，那么这时他们两个又相距一段距离了。这样下去，运动员是永远也追不上乌龟的。

你是怎么认为的呢？

57. 小明的烦恼

中级　　难度星级：☆☆★★★　　知识点：概率

小明发现自己身边的朋友家里都有两个孩子，他便思考，如果家里有 2 个小孩的话，那么就有可能是 3 种情况：2 个都是男孩、2 个都是女孩、1 个男孩 1 个女孩。所以，如果生 2 个孩子的话，都是男孩的概率是 $\frac{1}{3}$。

但是，他自己又隐隐约约地感到不安，觉得似乎自己错了，你能指出他哪里错了吗？

58. 奇数还是偶数

高级　　难度星级：☆★★★★　　知识点：概率

监狱里有 2 个囚犯，每天的晚餐都有 1 个鸡腿，2 个人没法分。于是其中一个囚犯就拿出 2 个骰子，对另一个囚犯说："我这有 2 个骰子，我们用它们来决定谁吃这个鸡腿。如果点数和是奇数，鸡腿就归你吃；点数和是偶数，鸡腿就归我吃。"另一个囚犯一听，觉得很不公平，因为 2 枚骰子得到偶数的情况可能是 2，4，6，8，10，12 六种；而得到奇数的情况只有 3，5，7，9，11 五种，你觉得这样做公平吗？点数和为偶数的概率是多少？

59. 写数字

中级　　难度星级：☆☆☆★★　　知识点：数数字

如果用毛笔写数字，每写一个数字（0、1、2、3、4、5、6、7、8、9 共 10 个）须蘸一次墨水，那么要把 97 ~ 105 的所有数连续写出，共需蘸多少次墨水？

60. 买桃子

中级　　难度星级：☆☆☆★★　　知识点：偷换概念

有个农民想让自己的儿子小明去镇上买桃，左右邻居知道了，也想托小明捎点回来。3 个人每人给了小明 20 元，小明便用这 60 元买回来一大袋桃子，分给 3 家。平分后，小明说，商贩看他买得多，就要了 50 元，还剩 10 元拿回来了。3 人每人要了 2 元，给小明留下 4 元作为酬劳。小明高高兴兴地走开了，回头算账时，他却有了疑惑：3 人每人退回 2 元，相当于每人花了 18 元，共 54 元，自己还留了 4 元，这样的话一共是 58 元。可是当初自己明明拿了 60 元，那么还有 2 元哪里去了呢？

61. 小到看不出来

中级　　难度星级：☆☆☆★★　　知识点：列方程

在月亮的某一处穿过月心的地方，是一个正圆形。科学家想通过这个正圆给月亮套一个铁环用来发电，供给地球电力。圆环在地球做好，并且要求不能在月亮上留一点空隙。结果在制作的时候，铁环的周长被多做了 2 米。这样套在月亮上的时候，肯定会有空隙的。但是工程负责人却说："2 米相对于月球的周长来说太小了，放在月亮上即使有空隙也是完全看不到的。"真的是这样吗？

62. 射击比赛

高级　　难度星级：☆★★★★　　知识点：条件归类

奥运会射击比赛中，甲、乙、丙 3 名运动员各打了 4 发子弹，全部中靶，其命中情况如下：

（1）每人的 4 发子弹所命中的环数各不相同；

（2）每人的 4 发子弹所命中的总环数均为 17 环；

（3）乙有 2 发命中的环数分别与甲其中 2 发一样，乙另 2 发命中的环数与丙其中 2 发一样；

（4）甲与丙只有 1 发环数相同；

（5）每人每发子弹的最好成绩不超过 7 环。

问甲与丙命中的相同环数是几环？

63. 抽顺子

中级　　难度星级：☆☆★★★　　知识点：海尔定理

把一副共 52 张扑克牌任意分成 13 堆，每堆 4 张牌。现在有人说，一定存在一种方式从每堆牌中抽出一张，使得这 13 张恰好凑成一条不一定同花的顺子。你觉得可能吗？

64. 胚胎

中级　　难度星级：☆☆★★★　　知识点：等比数列

大多数生命最开始就是一个受精卵——单细胞。通过不停地细胞分裂形成胚胎，我们身体内的器官也一样。假如有一种动物的肝脏是从单个细胞分裂出来的，开始时是一个细胞，1 小时后分裂成 2 个，再过 1 小时变成 4 个……100 小时后，形成完整的肝脏。

问：其他条件都一样的另一种动物，从两个细胞分裂出肝脏，需要多长时间?

65. 轮胎

中级　　难度星级：☆☆★★★　　知识点：简化思维

滕先生买了辆车，除了随车的备胎外，4S 店还多赠送了一个轮胎，就是说他一共有 6 个轮胎。为了让这 6 个轮胎的磨损程度相同，他轮流使用这 6 个轮胎。那么你知道在车跑了 12000 千米的时候，每个轮胎各行驶了多少千米吗?

66. 数学家打牌

高级　　难度星级：☆★★★★　　知识点：分情况讨论

一天，几位数学家坐在一起打牌。打了一会儿后旁边有人问他们都还剩几张牌。其中一位数学家保罗答道："我的牌最多，约翰的其次，琼斯的再次，艾伦的牌最少。我们四人剩下的牌总共不超过17张。如果把我们这四家牌的数目相乘，得到这个数。"说完，这位数学家在一张纸上写下了这个数字给他看。

那人看了这个数字后，说道："让我来试试把每个人的牌的数目算出来。不过要解这个问题，已知数据还不够。请问艾伦，你的牌是1张呢，还是不止1张？"

艾伦回答了这个问题。那人听后，很快就准确地计算出了每个人的牌的数目。你能否计算出每位数学家手里有几张牌呢？

67. 扑克游戏推理

中级　　难度星级：☆☆★★★　　知识点：数学思维

甲、乙2人打扑克，最后2人手中各剩8张牌。甲吹牛说，他手里有一副"顺子"（5张连续的牌，没有1张断开）。乙心里却很明白他在吹牛。乙必然是根据自己手里的牌推测出甲在撒谎。请问，乙手里是什么样的牌呢？

68. 花色问题

中级　　难度星级：☆☆★★★　　知识点：分情况讨论

甲和乙正在玩扑克牌，甲手中有13张牌，其中：

（1）每种花色的牌至少有1张；

（2）各种花色的牌的张数不同；

（3）红桃和方块总共有5张；

（4）红桃和黑桃总共有 6 张。

请问甲手里哪种花色的牌有 2 张？

69. 马和猎狗

中级　　难度星级：☆☆☆★★　　知识点：列方程

一只猎狗追赶一匹马，狗跳 6 次的时间，马只能跳 5 次，狗跳 4 次的距离和马跳 7 次的距离相同。马在前面，跑了 5.5 千米以后，狗开始在后面追赶。

请问，马跑多长的距离后才被狗追上？

70. 扑克牌的顺序

高级　　难度星级：☆★★★★　　知识点：分情况讨论

大家都知道扑克牌，一副牌一共有 54 张，其中有 2 张王牌，其余的 52 张牌则分为红桃、方块、梅花、黑桃 4 种花色，每种花色各 13 张。

我们取这样一副扑克牌，去掉其中的 2 张王牌，然后给剩下的 52 张牌编号，号码从 1 编到 52。

这样，在初始状态下，这 52 张牌是 1 号在最下面，2 号在 1 号的上面，3 号在 2 号的上面……52 号则在最上面。

现在我开始洗牌。假如我洗牌的技术一流，每次都会把这副牌平均分成两手，而且每次洗下来的牌都是左右各一张相间而下。（每次洗牌都先让编号为 1 的牌最先落下。）

这样，第一次洗完牌之后，这副牌的状态变成为：1、27、2、28、3、29……2652。

现在请问：按照上面的洗牌规则，我一共需要洗几次牌才能使这副牌又重新回到初始状态（即 1、2、3、4……51、52 从下到上排列）？

71. 最短路线

中级　　难度星级：☆☆☆★★　　知识点：展开图

有一个正方体的屋子，在一个角处有一只蜘蛛，它想爬到对角处那个角上去，你能帮他设计出一条最短的路线吗？

72. 辛苦的服务员

中级　　难度星级：☆☆★★★　　知识点：集合

一个服务员正在给餐厅里的 51 位客人上菜，有胡萝卜、豌豆和花菜。要胡萝卜和豌豆的人比只要豌豆的人多 2 位，只要豌豆的人是只要花菜的人的 2 倍。有 25 位客人不要花菜，18 位客人不要胡萝卜，13 位客人不要豌豆，6 位客人要花菜和豌豆而不要胡萝卜。

请问：

（1）多少客人三种菜都要？

（2）多少客人只要花菜？

（3）多少客人只要其中两种菜？

（4）多少客人只要胡萝卜？

（5）多少客人只要豌豆？

73. 逃脱的案犯

高级　　难度星级：☆★★★★　　知识点：几何知识

黑猫警长有一个强劲的对手“飞毛腿”，这只老鼠奔跑的速度十分惊人，比黑猫警长还要快，几次都被它逃脱了。一次偶然的机会，警长发现“飞毛腿”在湖里划船游玩，这可是一个很好的机会。这个圆形小湖半径为 R，“飞毛腿”划船的速度只有黑猫警长在岸上速度的 $\frac{1}{4}$。警长沿着岸边奔跑，想抓住要划船上岸的“飞毛腿”。这次“飞毛腿”还能不能侥幸逃脱呢？

74. 破产分钱

高级　　难度星级：☆★★★★　　知识点：乘方

一个投资公司破产了，在清理完账目后，30 个股东分剩下的钱，第 1 个股东分总数的一半加 5 毛，第 2 个股东分剩下的一半加 5 毛，第 3 个股东分剩下的一半加 5 毛，以此类推，直到最后一个股东分完，一分钱没剩，也没有人得到毛票，都分到了整数的钱。

问公司最后剩多少钱？每个人分了多少钱？

75. 计算损失

中级　　难度星级：☆☆★★★　　知识点：简化思维

一个卖衣服的商人，某件衣服的进价是 60 元，他以 80 元的价格出售，购买者讲价后，他同意以 9 折的价格卖出。后来商人发现购买者支付的那张 100 元是假钞，商人大悲。现在请你帮那个倒霉的商人算算，他在这件衣服上共损失多少钱？

76. 农夫买鸡

中级　　难度星级：☆☆☆★★　　知识点：列方程

从前有个农夫想要办一个养鸡场，需要买 100 只鸡。已知公鸡每只 5 元，母鸡每只 3 元，小鸡 1 元三只。现在农夫手中只有 100 元，问可以买公鸡、母鸡、小鸡各多少只？（钱要正好花完。）

77. 在风中飞行的飞机

中级　　难度星级：☆☆★★★　　知识点：列方程

一架飞机从 A 地沿直线飞往 B 地，然后从 B 地沿原航线返回 A 地。飞行途中，没有风，且飞机的速度保持不变。现在的问题是，如果其他的条件保持不变，只是在全航程中从 A 地刮向 B 地有一定量的不变风速，那么，这架飞机往返航程所需的时间和原来无风时相比，是会更多、更少还是保持不变？

78. 大牧场主的遗嘱

高级　　难度星级：☆★★★★　　知识点：分数

有个牧场主要把自己的产业分给他的儿子们，于是召集他们宣读遗嘱。

他对大儿子说：儿子，你认为你能够养多少头牛，你就牵走多少；你的妻子可以取走剩下的牛的$\frac{1}{9}$。

他又对二儿子说：你可以比你大哥多牵走一头牛，因为他有了先挑的机会；至于你的妻子，可以获得剩下的牛的$\frac{1}{9}$。

然后对其余的儿子说了类似的话，每人得到比他大一点的哥哥的牛数多一头的牛，而他们的妻子则获得剩下的牛的$\frac{1}{9}$。

当最小的儿子牵完牛之后，牛一头也没有了。

于是牧场主又说：马的价值是牛的 2 倍，剩下的 7 匹马的分配要使每个家庭得到的牲口的总价值相同。

试问：大牧场主共有多少头牛？他有几个儿子？

79. 放球问题

中级　　难度星级：☆☆★★★　　知识点：排列组合

把 9 个相同的小球放入编号分别为 1、2、3 的 3 个箱子中，要求每个箱子中球的个数不小于其编号数，则放球方法共有多少种？

80. 正确时间

中级　　难度星级：☆☆★★★　　知识点：列方程

在早晨列队检查时，警长问身边的秘书现在几点了。精通数学的秘书回答道：“从午夜到现在这段时间的$\frac{1}{4}$，加上从现在到午夜这段时间的一半，就是现在的确切时间。”你能算出这段对话发生的时间吗？

81. 两支蜡烛

高级　　难度星级：☆★★★★　　知识点：列方程

房间里的电灯突然熄灭了，停电了。我的作业还没有写完，于是我点燃了书桌里备用的两支新蜡烛，在蜡烛光下继续写作业，直到电又来了。

第二天，我想知道昨晚电停了多长时间。但是当时我没有注意停电和来电时的具体时间，而且我也不知道蜡烛的原始长度。我只记得那两支蜡烛是一样长的，但粗细不同，其中粗的一支燃尽需要 5 小时，细的一支燃尽需要 4 小时。两支蜡烛是一起点燃的，剩下的残烛都很小了，其中一支残烛的长度等于另一支残烛的 4 倍。

请你根据上述资料，算出昨天停电的时间有多长。

82. 少卖了 2 元钱

中级　　难度星级：☆☆★★★　　知识点：单价

李大妈在早市卖花，她每天卖黄玫瑰、红玫瑰、蓝玫瑰各 24 个，其中每 2 朵黄玫瑰 1 元，每 3 朵红玫瑰 1 元，每 4 朵蓝玫瑰 1 元。有一天，一位路人告诉她如果把三种玫瑰混在一起卖，每 9 朵卖 3 元，这样让客人自己搭配能卖得快一些。第二天，李大妈就尝试着这样做，最后玫瑰花卖完了，却只卖了 24 元，比平时少卖了 2 元，这 2 元钱去哪里了呢？

83. 海盗分椰子

高级　　难度星级：☆★★★★　　知识点：不定方程

一艘海盗船被天上砸下来的一块石头给击中了，5 个倒霉的家伙只好逃难到一个孤岛，他们发现岛上空荡荡的，只有棵椰子树和一只猴子。

大家把椰子全部采摘下来放在一起，但是天已经很晚了，所以大家就决定先去睡觉。

晚上某个家伙起床悄悄地将椰子分成 5 份，结果发现多 1 个椰子，就顺手给了那只猴子，然后悄悄地藏了 1 份，把剩下的椰子混在一起放回原处后，悄悄地回去睡觉了。

过了会儿，另一个家伙也起床悄悄地将剩下的椰子分成 5 份，结果发现多 1 个椰子，顺手就又给了幸运的猴子，然后悄悄地藏了 1 份，把剩下的椰子混在一起放回原处后，悄悄地回去睡觉了。

又过了一会儿……

又过了一会儿……

总之 5 个家伙都起床过，都做了一样的事情。

早上大家都起床后，各自心怀鬼胎地分椰子了，这个猴子还真不是一般的幸运，因为这次把椰子分成 5 份后居然还是多一个椰子，只好又给它了。

问题来了，这堆椰子最少有多少个？

84. 入学考试

中级　　难度星级：☆☆☆★★　　知识点：倍数

某个著名高校的入学考试规则如下：考生在 3 天内做无限道选择题，答对 1 题得 6 分，答错 1 题扣 3 分。小明参加了考试，别人问他成绩时，他说："我的成绩是下面几个中的一个：30 分、12190 分、5246 分、121 分、9998 分。"

你能猜到他到底得了多少分吗?

85. 种树

中级　　难度星级：☆☆★★★　　知识点：等差数列

婧婧家后面有一座小山，她非常关注环境，从很小的时候就开始在山上种树。在 7 岁的时候，她在山上种了 10 棵树，从那以后，她每隔一年半都要种 10 棵树。

若干年过去了，她一共种了 150 棵树后就不再种了。一天，婧婧对孩子说："在这批树中，最早种的那 10 棵树的年龄是最后一批树的 8 倍。"

你能算出婧婧现在多少岁了吗？

86. 汽车相遇

中级　　难度星级：☆☆☆★★　　知识点：简化思维

某小镇车队有 17 辆小公共汽车，整天在相距 197 千米的青山与绿水两个小镇之间往返运客。每辆车到达小镇后司机都要休息 8 分钟。司机杰克上午 10 点 20 分开车从青山镇出发，在途中不时地遇到（有时是迎面驶来，有时是互相超越）一辆本车队的车。下午1点55分他到达绿水镇，休息时发现本队的其他司机一个都不在。没有同伴可以聊天，杰克就静静地回忆刚才在路上遇到的本车队的那些人。

问：杰克一共遇到了本车队的几辆车？

87. 有问题的钟

高级　　难度星级：☆★★★★　　知识点：简化思维

从前有一位老钟表匠，为火车站修理一只大钟。由于年老眼花，他不小心把长短针装反了。修完的时候是上午6点，他把短针指在“6”上，长针指在“12”上，钟表匠就回家去了。人们看这钟表一会儿7点，过了不一会儿就8点了，都很奇怪，立刻去找老钟表匠。等老钟表匠赶到，已经是下午7点多。他掏出怀表一对，钟表准确无误，怀疑大家是有意捉弄他，一生气就回去了。这钟表还是8点、9点地跑，人们又去找钟表匠。这时老钟表匠已经休息了，于是第二天早晨8点多赶过去用怀表一对，时间仍旧准确无误。请你想一想，老钟表匠第一次对表的时候是7点几分？第二次对表又是8点几分？

88. 奖金

中级　　难度星级：☆☆★★★　　知识点：倒推法

有一个公司，月底的时候给销售发放奖金。公司规定：销售业绩第一名的员工可以得到公司本月提供奖金的一半加上100元；第二名得到剩下奖金总额的一半加200元；第三名得到剩下奖金总额的一半加300元；第四名得到剩下奖金的一半加上400元；第五名得到最后仅剩的100元。

问公司提供的奖金总额是多少？

89. 国王的数学题

中级　　难度星级：☆☆☆★★　　知识点：列方程

有位老国王决定在几位年轻的王子中挑选出一位最聪明的人来继承王位。一天，他把王子们都召集起来，出了一道数学题考他们。题目是：我有金、银两个宝箱，箱内分别装了若干件珠宝。如果把金宝箱中 25% 的珠宝送给第 1 个算对这个题目的人，把银宝箱中 20% 的珠宝送给第 2 个算对这个题目的人，然后我再从金宝箱中拿出 5 件送给第 3 个算对这个题目的人，再从银宝箱中拿出 4 件送给第 4 个算对这个题目的人，最后金宝箱中剩下的比分掉的多 10 件珠宝，银宝箱中剩下的与分掉的珠宝的比是 2∶1，请问谁能算出我的金宝箱、银宝箱中原来各有多少件珠宝？

90. 猎人打狼

中级　　难度星级：☆☆★★★　　知识点：列方程

有 5 个猎人一起去打狼，在晚上整理猎物的时候，发现：A 与 B 共打了 14 头狼，B 与 C 共打了 20 头狼，C 与 D 共打了 18 头狼，D 与 E 共打了 12 头狼。而且，A 和 E 打的狼的数量一样多。然后，C 先把他的狼和 B、D 的狼放在一起平分为三份，各取其一。然后，其他的人也这么做。D 同 C、E 联合，E 同 D、A 联合，A 同 E、B 联合，B 同 A、C 联合。这样分下来，每个人获得的狼的个数一样多，并且在分的过程中，没有出现把狼分割成块的现象。那么，你能算出每个人各打了多少头狼吗？

91. 图书印刷

中级　　难度星级：☆☆★★★　　知识点：数数字

以前图书排版的时候是用铅字的，1 个字或者 1 个数字都需要用 1 个铅字，比如数字 18 需要用到“1”和“8”两个铅字，256 需要“2”“5”“6”3 个铅字。现在在排版一本书的时候，光页码就用了 660 个铅字。你知道这本书一共有多少页吗？

92. 分配珠宝

中级　　难度星级：☆☆★★★　　知识点：数字特点

12 个海盗抢到了 100 件珠宝，于是他们商量分配方法，要求：每个人分到的珠宝数目中必须有一个“4”。该怎么分呢？

93. 各买了多少苹果

中级　　难度星级：☆☆★★★　　知识点：列方程

2 个商贩共进了 1000 斤苹果进行批发，一个进得多，一个进得少，但是卖了同样的钱。一个商贩对另一个说：“如果我有你那么多的苹果，我能卖到 4900 元。”另一个说：“如果我有你那么多的苹果，只能卖到 900 元。”你知道两人各卖了多少苹果吗？

94. 撒谎的贼首

中级　　难度星级：☆☆★★★　　知识点：奇数和偶数

一个财主的金库被一伙盗贼洗劫，丢失了 200 枚金币，财主告了官。不久，一个贼首来到官府自首说，盗窃行为是自己的 21 名手下做的，与自己无关，但是作为首领也有责任。所以他公布了 21 名参与盗窃的手下的名字，并指出，这 21 名盗贼每人分得一定数量的金币，最少 1 枚，最多 11 枚，而且每个人分得的金币数都是奇数。听到这里，县官就抓住了贼首，说：“你在撒谎，盗窃一定与你有关！”

请问，县官是怎么知道贼首撒谎的呢？

95. 买衣服

中级　　难度星级：☆☆★★★　　知识点：列方程

6名同学一起去商店买衣服，其中有2名男同学，4名女同学。他们各自购买了若干件衣服。购买情况如下：

（1）每件衣服的价格都以分为最小单位；

（2）甲购买了1件，乙购买了2件，丙购买了3件，丁购买了4件，戊购买了5件，而己购买了6件；

（3）2个男生购买的衣服，每件的单价都相同；

（4）其他4名女同学购买的衣服，每件的单价都是男生所购衣服单价的2倍；

（5）这6人总共花了1000元。

问：这6人中哪两个人是男生？

96．堆高台

中级　　难度星级：☆☆★★★　　知识点：找规律

堆 1 层的高台需要 1 块大石头，堆 2 层的高台需要 5 块大石头，堆 3 层高台需要 14 块大石头，堆 4 层高台需要 30 块大石头。如果堆一个 9 层高台需要多少石头？

97．导师的诡计

中级　　难度星级：☆☆★★★　　知识点：排列组合

一个博士生导师带了 8 名博士，他每天中午都和这 8 名学生一起吃中午饭。有一天一个学生说："老师，您什么时候可以让我们不写论文就得到博士学位。"导师说："这很简单，要不这样吧，我们定个日子：只要你们每人每天都换一下位子，直到你们 8 个人的排列次序重复的时候为止。那一天之后，只要你们 8 个人中的谁还是我的学生，那他不用写论文我就给他博士学位。"

请你算算，要过多久，这 8 个学生才能不写论文得到博士学位呢？

98．两个赌徒

中级　　难度星级：☆☆★★★　　知识点：概率

两个赌徒赌了一辈子，到老了赌得倾家荡产什么也没有了，每人只剩下 1 颗骰子。他们仍不知悔改打算掷骰子度过余生。他们每人的骰子都被磨损得够呛了，都只有 3 面上的点数还看得出来。第 1 个赌徒的骰子只有 2、4、5 三面可以辨认，第 2 个赌徒的骰子只有 1、3、6 三面可以辨认。如果他们用这两颗骰子比谁掷得的点数大，那么，要是游戏一直进行下去，最后谁会赢呢？

99. 奇怪的加法

中级　　难度星级：☆☆★★★　　知识点：找规律

老师讲了什么叫加法，并教大家如何用手指来算加法。为了提高同学们的计算能力，他向同学们解释说，在家里很多东西都可以用来计算加减法，比如尺子一格代表 1 厘米，5 格加上 2 格，长度就是 7 厘米。老师让大家回家找到合适的东西，做加法计算，并把结果写出来。第二天，检查作业的时候，老师发现小红的作业本上有很多奇怪的加法：

3+5=1　　2+7=2　　4+11=1

1+2=3　　6+3=2　　5+4=2

老师很生气地说："你是怎么学加法的？6 道题只做对了 1 道！"

但是小红却坚持自己是正确的，并作出了解释，听完解释后，老师不得不承认这些答案是正确的。你知道这是为什么吗？

100. 特别的称重

中级　　难度星级：☆☆★★★　　知识点：凑数字

宇华在实验室做实验，他要用 3 克的碳酸钠作为溶质，但是他的手边只有一袋标着 56 克，没有拆封的碳酸钠，还有一架只有一个 10 克砝码的天平。这时，实验室只有他一个人，也找不到其他的称量工具。在现有的条件下，他该怎样称出 3 克的碳酸钠来呢？

101. 散落的书页

中级　　难度星级：☆☆★★★　　知识点：页码排列

小红的一本书散开了，小红发现其中一张上面：左面是第 8 页，右面是第 205 页。根据这个，你能否说出这本书有多少页？

102. 查账

中级　　难度星级：☆☆★★★　　知识点：简化思维

洁洁是一个商店的收银员。有一天，她在晚上下班前查账的时候，发现现金比账面少 153 元。她知道实际收的钱是不会错的，只能是记账时有 1 个数点错了小数点。那么，她怎么才能在几百笔账中找到这个错数呢？

第三章

趣味数学

数学是一门非常有趣的学科，它以“数”和“形”为基础，非常直观易懂。很多数学题被编成一些巧妙有趣的模型或者游戏，让我们在轻松与开心中明白其中的原理。

也正因如此，在解决这类数学问题的时候一定要灵活多变。因此，学习数学不能只停留在课堂上、书本上，要结合实际，要融会贯通。这样，数学的学习才有生命力。

我们都知道，每张纸都有两个面：正面和反面。

但是，如果我们把一条长长的纸带一头旋转一下和另一头粘在一起，就形成了一个纸圈。你能把这个纸圈一面涂成红色，一面涂成绿色吗？

答案是不能。因为这张纸只有一个面！

这就是莫比乌斯带。

莫比乌斯带，又叫莫比乌斯环。由德国数学家莫比乌斯和约翰 · 李斯丁于 1858 年发现。莫比乌斯带就是把一根纸条扭转 180° 后，两头粘在一起做成的纸带圈。

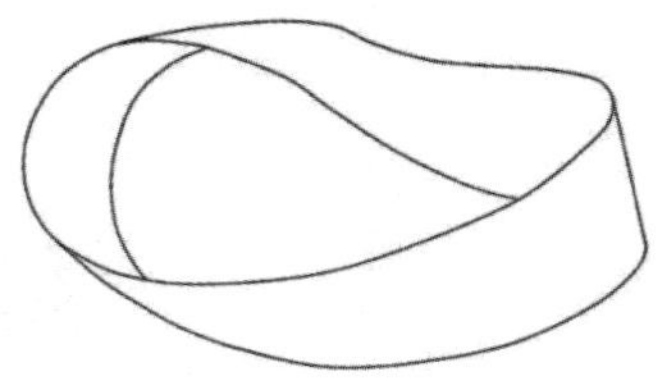

普通纸带具有两个面（即双侧曲面），一个正面，一个反面，两个面可以涂成不同的颜色；而莫比乌斯带这样的纸带只有一个面（即单侧曲面），一只小虫可以爬遍整个曲面而不必跨过它的边缘。这种纸带就被称为“莫比乌斯带”（也就是说，它的曲面从两个减少到一个）。

莫比乌斯带只有一个面和一条边，这让它有了一个特性，就是莫比乌斯带成了一个不可定向的曲面。在这个曲面中，方向没有了实际意义。也就是说，莫比乌斯带的另一面被隐藏了，而我们所看到的，既是正面，又是反面；既是左面，又是右面。

利用这样的特性，一些在平面上无法解决的问题，在莫比乌斯带上就可以得以解决。

比如我们左右手的手套极为相像，但方向却不同。无论怎么翻转，左手套永远是左手套，右手套也永远是右手套。但是，如果把它搬到莫比乌斯带上来，你会发现，在某个时刻，左手套变成了右手套，左右互换了。

就像下图中这个原本向右跑的小人，从某一时刻开始，转向向左跑，两个小人左右互换了，形成了镜像关系。

严格地说，并非某个特殊的时刻左右互换了，只是在莫比乌斯带上，左右的概念和感觉改变了。

莫比乌斯带在生活和生产中也有一些应用。比如，动力机械常用的皮带，经常会因为长时间使用其中一面产生严重的磨损。而把皮带做成“莫比乌斯带”形状，皮带就不会只磨损其中一面了。这样皮带的使用期限就增加了一倍。如果把录音机的磁带做成“莫比乌斯带”形状，可以不用翻面，就能循环播放了。

在我们的学习生活中，这种趣味数学的内容有很多，可以让我们在轻松愉悦的游戏中学习更多数学知识。让我们从数学中寻找趣味，从游戏中发现真理！

103. 默想的数字

中级　　难度星级：☆☆★★★　　知识点：列方程

一天，爸爸对小明说：“你在心里默想一个数字，然后把这个数字减去 3，再把结果乘以 2，然后再加上你默想的这个数字。你把结果告诉我，我就能知道你想的数是多少。”你知道其中的秘密在哪里吗？

104. 抽屉原理

中级　　难度星级：☆☆☆★★　　知识点：抽屉原理

有一桶彩球，分为 3 种颜色：黄色、绿色、红色，你闭上眼睛抓取。

请问，至少抓取多少个就可以确保你手上至少有 2 个同一颜色的彩球？

105. 分放宝石

中级　　难度星级：☆☆☆★★　　知识点：和差倍问题

从前有一个外国使者，想难为一下年轻的王子，他拿出了 30 颗硕大的宝石和蓝色、红色两个盒子。使者对王子说："我们来做一个游戏，在开始的时候，要让你蒙上眼睛，我把这 30 颗宝石分别往这两个盒子里面放，如果我要往红盒子里放，就每次放 1 颗；如果我往蓝盒子里放，就每次放 2 颗。我每放 1 次，我旁边的同伴就会拍掌 1 次，当我放完后，你要说出有多少颗宝石在红盒子里。如果猜对的话，这些宝石就全是你的，如果猜错了，你要给我和这些宝石相等价值的宝物。可以吗？"王子同意了。于是按要求去做，王子听到 21 次拍掌。他很快就说出了红盒子里宝石的数量，结果他赢得了宝石。请问，红盒子里有多少颗宝石？

106. 12 枚硬币

中级　　难度星级：☆☆★★★　　知识点：方程组的解

有 12 枚硬币，包括 1 分、2 分和 5 分三种面值，共 3 角 6 分。其中有 5 枚硬币是一样的，那么这 5 枚一定是几分的硬币？

107. 国王的年龄

中级　　难度星级：☆☆☆★★　　知识点：分数方程

考古队到沙漠考古，发现了一块墓碑，上面记着这样几句话："我曾经是一个伟大的国王。在我的一生中，前$\frac{1}{8}$是快乐的童年。过完童年，我花了$\frac{1}{4}$的生命来周游世界，提升自己的才能。在这之后，我继承了皇位，休养生息 4 年后，国力大增，然后与邻国开始了持续 12 年的战争。我在位的时间只持续了我生命的$\frac{1}{2}$，之后被奸臣推下了台，便在绝望中度过了 9 年，也跟着结束了我的一生。"

根据墓碑上的信息，你能算出这个国王的年龄吗？

108. 哪桶是啤酒

中级　　难度星级：☆☆★★★　　知识点：倍数

一位酒商有 6 桶酒，容量分别为 30 升、32 升、36 升、38 升、40 升、62 升。其中 5 桶装着葡萄酒，一桶装着啤酒。第一位顾客买走了两桶葡萄酒；第二位顾客所买的葡萄酒是第一位顾客的两倍。请问，哪一个桶里装着啤酒？（酒是要整桶出售的。）

109. 砝码数量

中级　　难度星级：☆☆★★★　　知识点：等比数列

有一个天平，想要用它称出来所有重量在 1 ~ 121 克之间的整数克的物品，至少要多少个砝码？每个砝码都重多少克？

110. 星期几

中级　　难度星级：☆☆☆★★　　知识点：分组

今天是星期三，那么 30000 天后是星期几？

111. 抽奖

中级　　难度星级：☆☆★★★　　知识点：找规律

一次学校里举行元旦晚会，有一个抽奖活动。参加活动的一共有 64 人。大奖只有一个，老师决定把所有的人围成一个大圆圈。从老师开始数数，老师是 1 号，他右边的人是 2 号，然后 3 号，每隔一人数一个，数到奇数的人都站出来，剩下的继续数，直到剩下最后一个人，大奖就归他。一个聪明的学生故意站到一个位置上，最后正好就剩下了他。

你知道他站在哪里了吗？

112．两手数数

中级　　难度星级：☆☆☆★★　　知识点：分组

从左手的拇指开始数，到左右手小指，再从右手小指到右手拇指，然后折回去，经过两个小指再到左拇指（折回去数时两拇指都不重复计数），重复进行上述操作，问第 2000 根手指是哪个呢？

113．1=2？

中级　　难度星级：☆☆★★★　　知识点：除法

假设：$a=b$ 且 a，$b>0$

所以：$ab=bb$

$ab-aa=bb-aa$

$a(b-a)=(b+a)(b-a)$

$a=b+a$

$a=2a$

$1=2$

上面的证明过程中哪里错了？

114．颠三倒四

中级　　难度星级：☆☆★★★　　知识点：凑数字

你有办法用三个 3 得到一个 4 吗？

115．重新排列

中级　　难度星级：☆☆★★★　　知识点：九宫图

把 5 个 1 ～ 5 的 25 个数字填在一个 5×5 的方格中，使横、纵各行数字的和都相等，并且在同一行中一个数字不得出现 2 次。你会填吗？

116. 年龄问题

中级　　难度星级：☆☆★★★　　知识点：年龄问题

有一位女士长得很漂亮，经常有人问她的年龄。她不愿意直接回答，就说："我女儿的年龄是我儿子年龄的 3 倍，我的年龄是我女儿年龄的 6 倍，而我的年龄乘以我儿子的年龄就是孩子外公的年龄。如果孩子外公的年龄加上女儿和儿子的年龄，正好是孩子外婆的年龄，今天我们要去她家庆祝她的 80 大寿。"听了这么多，你知道她的儿子、女儿、孩子外公和她自己的年龄到底是多少吗？

117. 刷碗

中级　　难度星级：☆☆★★★　　知识点：假设法

小明和小红是兄妹俩，妈妈让他们去刷碗，自己在客厅里看电视。等到 10 个碗都被刷完的时候，兄妹俩一起走到妈妈面前。妈妈转过脸对他们说："小明，把你刷的碗数乘以 3；小红，把你刷的碗数乘以 4，再把两个数加起来，告诉我答案。"

两人同时回答："34。"

妈妈说："那我知道你们每个人刷多少碗了，小明刷的碗比小红多。"

请你算一下，两人各刷了几个碗，妈妈是怎么知道的？

118. 画出球的表面积

中级　　难度星级：☆☆★★★　　知识点：公式法

假如给你一个足够大的圆规、一个足球、一张白纸。你能只用圆规在白纸上画出面积为足球表面积一半那么大的圆吗？

119. 两数之差的三角形

中级　　难度星级：☆☆☆★★　　知识点：找规律

请在图中把所给的数字根据两条简单的规则插入到三角形状的

阵列中：一条规则是每个数字只能出现一次，另一条是每个数字必须是它正上方两个数字之差。比如，如果相邻两个数分别是 6 和 4，那么它们下面的数字就必须是 2。

最小的三角形已经填了 1 ~ 3 的整数。你能否将接下去的三角形分别填上 1 ~ 6、1 ~ 10 和 1 ~ 15 的整数？

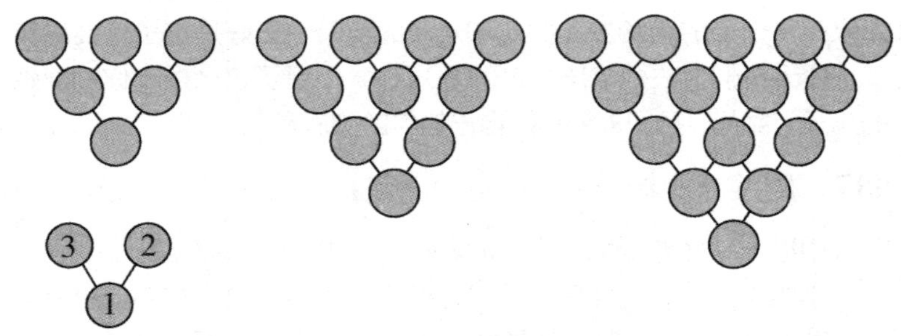

120. 几个零

中级　　难度星级：☆☆★★★　　知识点：数数字

你能不计算就看出来 1×2×3×4×5×6×……×200 的结果中，末尾有多少个连续的数字 0 吗？

121. 魔术方阵

中级　　难度星级：☆☆☆★★　　知识点：九宫图

我们知道用 9 个自然数能排成一个纵向、横向、斜向相加之和均为 15 的魔术方阵。

2	9	4
7	5	3
6	1	8

现在，你能找出 9 个不同的自然数，排成一个纵向、横向、斜向相加之和均为 18 的方阵吗？

122. 有趣的算术题

中级　　难度星级：☆☆☆★★　　知识点：单位转换

在什么情况下，下列算式都成立?

24+36=1;

11+13=1;

158+207=1;

46+54=1;

2-1=1。

123. 有多少个 3

中级　　难度星级：☆☆☆★★　　知识点：数数字

你能算出 0 ~ 99 的这 100 个整数中，共有多少个“3”吗？

124. 最后 3 位数是什么

中级　　难度星级：☆☆★★★　　知识点：找规律

625 的 625 次方的最后 3 位数是多少?

125. 凑钱买礼物

高级　　难度星级：☆★★★★　　知识点：逻辑思维

母亲节就要到了，3 个孩子想合伙凑钱给妈妈买个礼物，他们把衣兜里所有的钱都掏出来，看看一共有多少钱。结果一共有 32 元。其中有两张纸币是 10 元的，两张是 5 元的，两张是 1 元的。每个孩子所带的钱中没有两张是相同面值的。而且，没带 10 元纸币的孩子也没带 1 元的纸币，没带 5 元纸币的孩子也没带 10 元的纸币。

你知道这 3 个孩子原来各自带了什么面值的纸币吗?

126. 算术题

高级　　难度星级：☆★★★★　　知识点：二项式展开

用 7 除 2000^{2000}，余数为多少？

127. 拼凑出 10

中级　　难度星级：☆☆★★★　　知识点：凑数字

请在下图中的 4 张牌之间添加“( )”“+”“-”“×”“÷”这 5 个符号（顺序不限），使计算结果是 10。

128. 翻黑桃

中级　　难度星级：☆☆★★★　　知识点：概率

4 张 A 背面朝上摆在你面前，发牌者告诉你，黑桃 A 在前 3 张里的概率是 90%。现在你翻开前两张发现都不是黑桃。请问第 3 张和第 4 张是黑桃 A 的概率分别是多少？

129. 红黑相同

中级　　难度星级：☆☆★★★　　知识点：概率

现有一副扑克牌去掉 2 张王共 52 张。把它洗匀后，分成 A、B 两组，各 26 张。请问，这时 A 组中的黑色牌数和 B 组中的红色牌数相同的概率有多大？

130. 手里的剩牌

中级　　难度星级：☆☆★★★　　知识点：假设法

3 个人一起玩牌，玩到一半的时候统计各自手里的剩牌张数。小王说："我还剩 12 张，比小李少 2 张，比小张多 1 张。"小李说："我剩的张数在三个人中不是最少的，小张和我相差了 3 张，他剩了 15 张。"小张说："我剩的张数比小王少，小王剩了 13 张，小李剩了 11 张。"如果 3 个人每个人说的 3 句话中只有 2 句是正确的，那么他们分别剩了多少张牌呢？

131. 六色相同

中级　　难度星级：☆☆☆★★　　知识点：排列组合

从一幅完整的扑克牌中至少抽出多少张，才能保证有 6 张花色相同的牌？

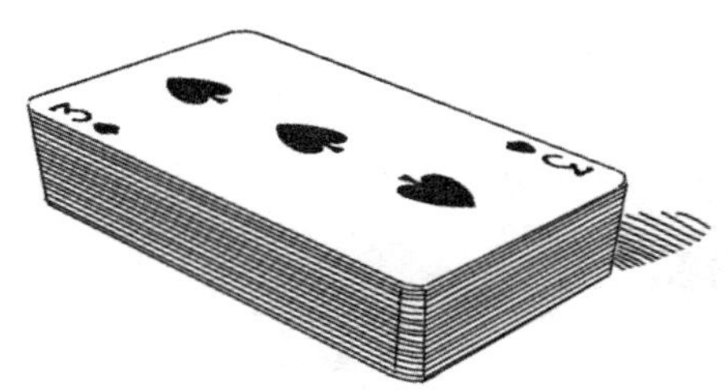

132. 有趣的 37

中级　　难度星级：☆☆☆★★　　知识点：数字规律

37 这个数字很有趣，不信请看下面的这些算式：

37×3=111

37×6=222

37×9=333

37×12=444

37×15=555

…………

根据这些算式，你能用 6 个 1，6 个 2……6 个 9，分别组成 1 个算式，使结果都是 37 吗？

133. 有趣的算式

中级　　难度星级：☆☆★★★　　知识点：数字规律

已知：

7×9=63

77×99=7623

777×999=776223

请不通过计算，直接写出下面式子的结果。

7777×9999=

77777×99999=

777777×999999=

7777777×9999999=

134. 公平分配

中级　　难度星级：☆☆★★★　　知识点：三等分

3 人共同出钱，到镇上去买生活用品，回来后，除了酒之外的其他物品都可以平均分成 3 份。由于当时粗心大意，回来后他们才发现买的 21 瓶酒被商家动了手脚：最上面的 7 瓶是满的，中间一层的 7 瓶酒都只有一半，而最下面一层的 7 瓶是空瓶子。去找商家讨账是不太现实的了，三个人如何公平地分这些酒呢？（提示：2 个半瓶可以合为 1 个满瓶。）

135. 曹操的难题

中级　　难度星级：☆☆★★★　　知识点：简化思维

官渡之战，曹操和袁绍对峙数月，曹操的粮草渐渐不支。依照曹军 20 万军队，粮草还可以支撑 7 天。第 2 天张辽带着大批人马来援助曹操，两队人马合在一起，曹操一算，现在的粮草还能支撑 5 天。

那你知道张辽带来了多少人吗？

136. 酒徒戒酒

中级　　难度星级：☆☆★★★　　知识点：等比数列

有一个人对酒上瘾，一天三顿饭离不开酒，看电视时要喝酒、写东西时要喝酒、无聊了要喝酒、高兴了也要喝酒。但是长此以往身体就扛不住了，医生给他支个招：“你这样，第 1 次喝完之后，你能坚持 1 小时以后再喝吗？”他说：“可以。”医生说：“那好，第 2 次间隔时间变成 2 小时，这样可以做到吗？”他说：“可以。”医生说：“那接下来，第 3 次的间隔时间是 4 小时，以此类推，第 4 次是 8 小时……每次间隔时间都是上次的 2 倍。如果你能坚持，一定能戒掉酒的。”

你知道这是为什么吗？

137. 某个数字

中级　　难度星级：☆☆☆★★　　知识点：代入法

下列等式中，如果 3 个方框中是同一个数（一位数）的话，该是哪个数呢？

9□ × □ =57□

138. 死者的年龄

中级　　难度星级：☆☆★★★　　知识点：平方数

一名数学家去参加一位朋友的父亲的葬礼，问起死者的出生年，朋友回答道：你不是数学家吗，现在告诉你几个信息，你自己算算吧：

（1）死者没有活到100岁；

（2）今年是1990年；

（3）在过去的某一年，那一年的数字正好是死者当时年龄的平方。

你能算出他是哪一年出生的吗？

139. 分蛋糕

中级　　难度星级：☆☆★★★　　知识点：平分

小霞过生日，家里来了19个同学。爸爸买了9个小蛋糕来招待这20个小朋友。怎么分呢？不分给谁也不好，应该每个人都有份。那就只有把这些蛋糕切开了，可是切成碎块儿太不方便吃了，爸爸希望每个蛋糕最多分成5块儿。

你有什么办法吗？

140. 涂色问题

高级　　难度星级：☆★★★★　　知识点：排列组合

在下面的1×6矩形长条中涂上红、黄、蓝3种颜色，每种颜色限涂2格，且相邻两格不同色，则不同的涂色方法共有多少种？

141. 分奖金

中级　　难度星级：☆☆★★★　　知识点：平分

甲、乙、丙、丁 4 个人是清洁工，在春节期间，临时负责 24 条街道的清洁工作。他们约定，每个人负责 6 个街区。但是，由于丙家里有事，没有时间打扫，这 24 条街道就由另外 3 个人负责了。这样，甲打扫了 7 条街道，乙打扫了 9 条街道，丁打扫了 8 条街道。后来发了奖金，在所有人领完自己的奖金后，丙让其他 3 个人分了自己的那一份：2400 元。

请问：3 个人应该怎么分配这些钱呢？

142. 拨开关

高级　　难度星级：☆★★★★　　知识点：找规律

对一批编号为 1 ~ 100，全部开关朝上（开）的灯依次进行以下操作：

（1）凡是 1 的倍数，反方向拨一次开关；

（2）凡是 2 的倍数，反方向又拨一次开关；

（3）凡是 3 的倍数，反方向又拨一次开关；

…………

依此类推。

问：最后为关闭状态的灯的编号。

143. 一个比四个

中级　　难度星级：☆☆☆★★　　知识点：面积法

有 2 个一样大的正方形，一个正方形内有一个内切圆，另一个正方形分成了 4 个完全相同的小正方形，每个小正方形内有一个内切小圆。请问：4 个小圆的面积之和与大圆的面积哪个大？

144. 兔妈妈分萝卜

中级　　难度星级：☆☆☆★★　　知识点：列方程

兔妈妈分萝卜。如果家中每个宝宝分 1 根还剩 1 根，如果每个宝宝分 2 根还少 2 根。那么，家中有几个宝宝？兔妈妈有几根萝卜？

145. 上学路上

中级　　难度星级：☆☆☆★★　　知识点：列方程

小明从家里到学校，如果每分钟走 50 米，则正好在上课时间到达；如果每分钟走 60 米，则到达时距离上课时间还有 2 分钟。问小明的家距离学校有多远？

146. 口袋里的钱

中级　　难度星级：☆☆☆★★　　知识点：凑数字

甲：我们 3 个人口袋里的钱都不超过 30 元。

乙：我口袋里的钱的平方减去甲口袋里钱的平方正好是丙口袋里钱的平方。

丙：我的钱减去甲的钱再加上乙的钱就是丁口袋里的钱数。

问 3 个人口袋里各有多少钱？

147. 算 24 点（1）

中级　　难度星级：☆☆☆★★　　知识点：凑数字

4 个 0 经过怎样的数学运算可以得到 24？

148. 算 24 点（2）

中级　　难度星级：☆☆☆★★　　知识点：凑数字

3 个 5 和 1 个 1 通过怎样的运算可以得到 24？

149. 失落的数字

高级　　难度星级：☆★★★★　　知识点：除法

在下图中圆圈里填上数字，使这个除法算式成立。

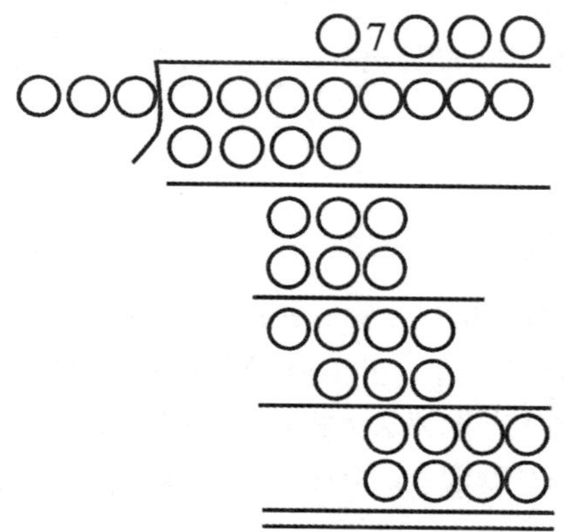

150. 时钟密码

中级　　难度星级：☆☆★★★　　知识点：找规律

先看一看图中两时钟所组成的算式，然后根据规律计算一下第 3 个算式的结果是多少？

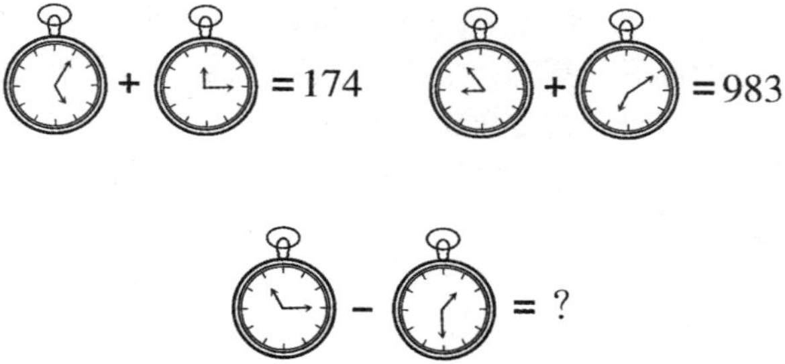

+ =174　　+ =983

− = ?

151. 火车开车时间

中级　　难度星级：☆☆★★★　　知识点：周期

小刘："我们出差的那趟火车是几点开车？"

小张："开车的时间再过 1999 小时 2000 分钟 2001 秒，正好是中午 12 点。你应该能算出开车的具体时间吧。"

小刘傻眼了。

你能帮他把时间算出来吗？

152. 相差的银子

中级　　难度星级：☆☆☆★★　　知识点：等差数列

一个财主死了，留下了 100 两银子的财产。他有 10 个儿子，遗嘱要求从小到大，相邻 2 人相差的银子数量都一样，而且又要给第 8 个儿子分到 6 两银子。10 个儿子你看看我，我看看你，都不知道该怎么分。

你能帮他们分清这笔遗产吗？相邻 2 个人相差的银子是多少？

153. 选数字

中级　　难度星级：☆☆★★★　　知识点：数字特征

老师让甲、乙、丙、丁 4 名同学分别从数字 1 ~ 9 中选出 2 个数字，他们之间选择的数字不能有重复。而且要求甲选的 2 个数字之和必须是 10；乙选择的 2 个数字之差必须是 1；丙选择的 2 个数字之积是 24；丁选择的 2 个数字之商是 3。

你知道这 4 个人分别选择了哪 2 个数字吗？最后剩下的那个数字又是几呢？

154．数学天才的难题

高级　　难度星级：☆★★★★　　知识点：共用数字

杜登尼是一位数学天才，这是他所提出的一个非常难解的七边形谜题。请在下图中的圆圈内填入 1 ～ 14 的整数（不能重复），使得每边的 3 个数之和都等于 26。

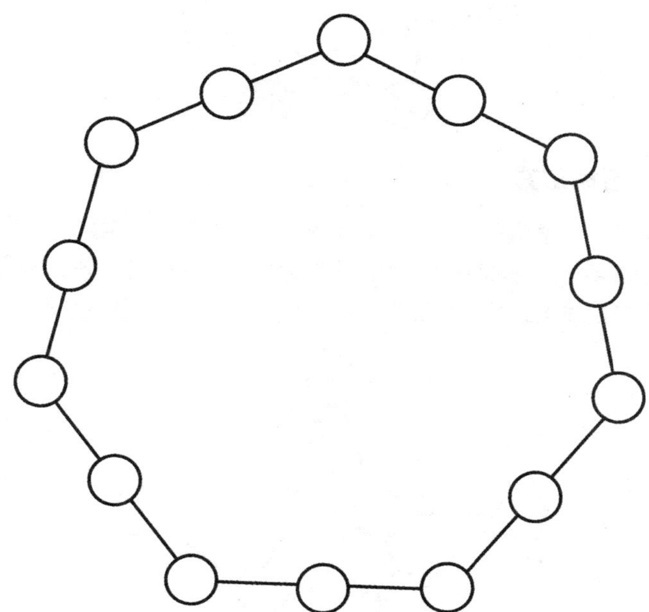

155．星形幻方

高级　　难度星级：☆★★★★　　知识点：共用数字

你能否把 1 ～ 14 的整数填入下图中的圆圈内，使每一条直线上的数之和都为 30。

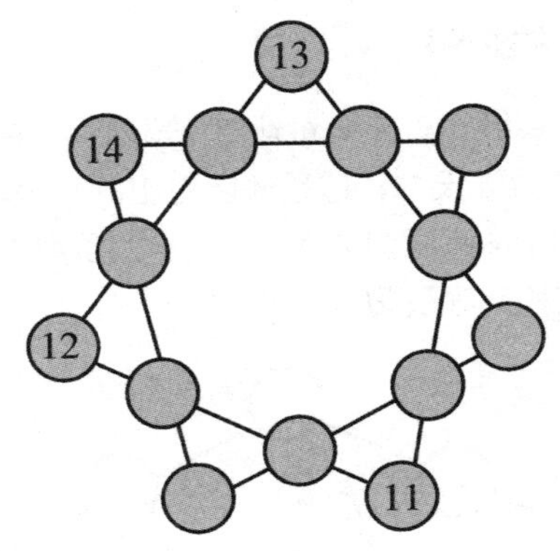

156. 五角幻方

中级　　难度星级：☆☆★★★　　知识点：共用数字

如图所示，你能把 1 ~ 12 的整数（7、11 除外）填入圆圈内，使得每条直线上的数的和都为 24。数字 3、6 和 9 已经被填入。

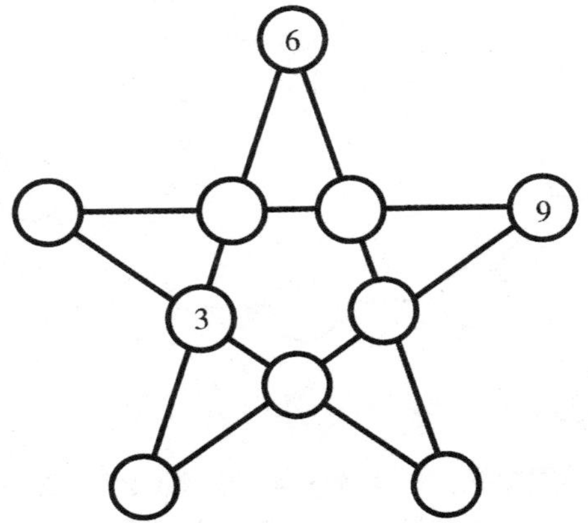

第四章

数量分析

数量分析是一种定量的分析方法，它利用数学模型和数据分析工具来研究和分析问题。数量分析可以解决很多现实生活中的问题，是一种非常重要的技能。数量分析的方法能够在决策、规划、预算等方面起到重要作用。

为了掌握这项技能，我们需要学会数学思维，将生活中的实际问题通过数学模型转变为数学问题，运用定量的数量关系来分析和展示其基本概念和原理，并最终解决问题。

为此，我们需要不断地提高自己的数学思维能力，不断学习和更新自己的知识。

在数学里有一个连三岁小孩都能秒懂的公式，你知道是什么吗?

没错！就是 1+1=2！

我们出生之后，最早开始认识数字，几乎都是从 1+1=2 开始的。对于我们现代人来说，1+1=2 是多么简单的一个公式，可是对于原始人来说，这无疑是一个史诗级的难题。它昭示着自然数的诞生，突显了数字的一个非常重要的性质——可加性，这是人类文明史上一个极其伟大的发现。

那么，1 加 1 为什么等于 2 呢?

意大利数学家皮亚诺就用公理来巧妙地证明了这个公式的正确性。

首先，我们要知道什么是公理。公理是指依据人类理性的不证自明的基本事实。简单来说，就是经过人类长期反复的实践经验，不需要加以证明就知道一定是正确的命题。

皮亚诺用来证明 1+1=2 的公理有 5 条，分别如下。

公理 1：0 是自然数；

公理 2：每一个确定的自然数 a，都有一个确定的后继数 a'，a' 也是自然数；

公理 3：不同的自然数有不同的后继数；

公理 4：0 不是任何自然数的后继数；

公理 5：假定 $P(n)$ 是自然数的一个性质，如果 $P(0)$ 是真的，且假定 $P(n)$ 是真的，则 $P(n')$ 也是真的，那么这个性质适用于所有的自然数。

前 4 条公理很好理解，第 5 条公理看起来有点“烧脑”。简单地说，它就是数学中的归纳公理。也就是说如果有一个自然数有某个性质，那么所有自然数都将满足这个性质，不满足这个性质的就不是自然数。

有了这 5 条公理，我们就可以证明 1+1=2 了。

证明：

对于任意自然数 m，$0+m=m$；

对于任意自然数 m 和 n，$n'+m=(n+m)'$；

所以：$1+1=0'+1=(0+1)'=1'=2$。

这个证明方法还是有些烧脑，暂时理解不了的小朋友们可以忽略。

那么，1 加 1 一定永远等于 2 吗？

当然，答案也是不一定的。

比如，有些脑筋急转弯里，1 加 1 可以等于 4（前面的 1 和中间的“+”组合在一起像一个数字 4），也可以等于王（把 1 写成大写的数字“一”，然后竖着排列，就变成了一个“王”字）。再比如，在二进制里，1+1=10；在哥德巴赫猜想中，“1+1”只是个简称；在以后我们学习矢量运算时，两个大小为 1 的矢量相加，由于有了方向性的参数，结果可以为 -2 到 2 之间任意的数值……

此外，还有一些带有单位的数字，就更不能简单地认为 1+1=2 了。

比如一堆沙子加一堆沙子，还是等于一堆沙子；单位不同时，1 小时加 1 分，需要化为相同单位等于 61 分；一条狗加一块骨头，单位不同又不能化为相同单位的，是不能相加的。

这种例子还有很多，小朋友们可以发挥你的想象力，给出更多有趣的答案吧！

157. 倒卖自行车

高级　　难度星级：☆★★★★　　知识点：多种答案

一个商人以 50 元的价格卖出了一辆自行车，然后又花了 40 元买了回来，显然他赚了 10 元钱，因为原来的自行车又回到他的手里。

现在他把他花 40 元买来的自行车以 45 元的价格又卖了出去，这样他又赚了 5 元，前后加起来一共赚了 15 元。

但是，有一个人却认为：

这个人以一辆价值 50 元的自行车开始，第二次卖出以后他有了 55 元，也就是说他只赚了 5 元钱；而 50 元卖一辆车是一次纯粹的交换，表明既不赚也不赔；只有当他以 40 元买进而以 45 元卖出的时候，才赚了 5 元钱。

而另外一个人却认为：

当他以 50 元卖出并以 40 元买进时，他显然是赚了 10 元钱；而当他以 45 元卖出时，则是纯粹的交换，不赚也不赔，所以他赚了 10 元钱。

似乎每个人说的都有道理，那么你认为谁才是正确的呢？

158. 枪支弹药

中级　　难度星级：☆☆★★★　　知识点：集合问题

有一个团的团长经过统计后发现：自己团一共有 200 人，有 140 人有枪，有 160 人有弹药，有 20 人既没有枪也没有弹药。那你知道有多少人既有枪也有弹药？有多少人只有枪？有多少人只有弹药吗？

159. 七珠项链

中级　　难度星级：☆☆☆★★　　知识点：排列组合

小明有 7 颗珠子，其中 5 颗是相同的红色珠子，2 颗是相同的绿色珠子，他想给女朋友小丽做成一个七珠项链。问可以做出几种不同搭配的项链来？

160. 乘车

中级　　难度星级：☆☆☆★★　　知识点：时间差

小明的妈妈每天都要坐公交车上班。从小明家到公司的公交车有两路，分别是 1 路和 2 路。这两路公交车的线路是一样的，而且都是每隔 10 分钟一趟。唯一不同的是 1 路车的首班车是 6 点 30 分发车，而 2 路车的首班车是 6 点 31 分发车。一个月下来，妈妈发现自己坐的 1 路车要比 2 路车多得多，你知道这是为什么吗？

161. 巧抓乒乓球

高级　　难度星级：☆★★★★　　知识点：分组

两个人比赛抓球。

规则如下：

（1）在桌子上放 100 个乒乓球，两个人轮流拿球装入自己的口袋；

（2）每次拿球至少要拿 1 个，但最多不能超过 5 个，也就是可以拿 1 个、2 个、3 个、4 个或者 5 个；

（3）拿到最后一个球，即第 100 个乒乓球的人为胜利者。

请问：如果你是先拿球的人，第一次时你该拿几个球？以后怎么拿才能保证你能得到第 100 个乒乓球？

162. 滚动的硬币

中级　　难度星级：☆☆★★★　　知识点：自转与公转

如图所示，带箭头的硬币可以沿 7 个固定的硬币滚动。当它回到出发点时，这个硬币滚了几圈？箭头将朝哪个方向？

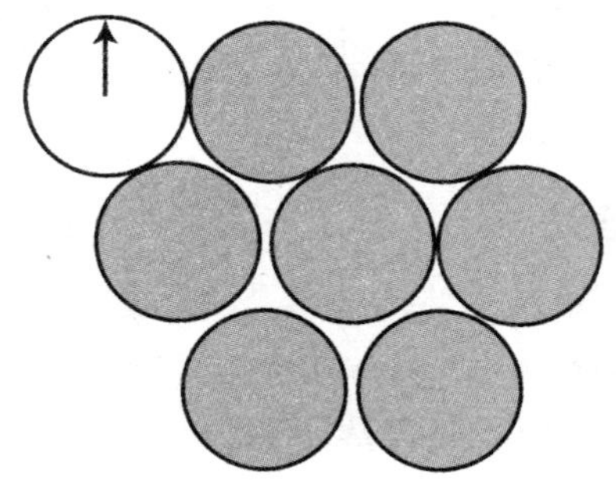

163. 不可能的赏赐

高级　　难度星级：☆★★★★　　知识点：等比数列

传说，印度的舍罕国王打算重赏国际象棋的发明人——大臣西萨·班·达依尔。这位聪明的大臣跪在国王面前说：“陛下，请你在这张 8×8 的棋盘的第 1 个小格内，赏给我 1 粒麦子，在第 2 个小格内给 2 粒，在第 3 个小格内给 4 粒，照这样下去，每一小格内都比前一小格多 1 倍，就可以了。”国王说：“你的要求不高，我会让你如愿以偿的。”说着，他下令把一袋麦子拿到宝座前，计算麦粒的工作开始了。但是，令人吃惊的事情出现了：还没到第20小格，袋子已经空了，一袋又一袋的麦子被扛到国王面前来。但是，麦粒数增长得那样迅速，而格数却增长得很慢。国王很快发现，即使拿出来全国的粮食，也兑现不了他对大臣许下的诺言。算算看，国王应给大臣多少粒麦子？

164. 保险柜

中级　　难度星级：☆☆★★★　　知识点：排列组合

办公室里有9个保险柜，处长那里有9把钥匙。小刘刚上班的第一天，处长给他布置了个任务："把钥匙和保险柜配对。"如果这些钥匙外表都是一样的，而且没有任何标记。那小刘想要打开每个保险柜只能一把一把地试。请问，小刘最多要试多少次才能完成钥匙和保险柜配对。

165. 多学科竞赛

中级　　难度星级：☆☆☆★★　　知识点：列方程

在一次多学科竞赛中，共有 M 个测试科目，一所学校中有三名学生甲、乙、丙参加了这场竞赛，在每一科目中，第一、第二、第三名分别得 X、Y、Z 分，其中 X、Y、Z 为正整数，且 $X>Y>Z$。最后甲得了22分，乙与丙均得了9分。而且乙在数学科目中取得了第一名。

求 M 的值，并问谁在英语科目中取得了第二名？

166. 销售收入

中级　　难度星级：☆☆☆★★　　知识点：等差数列

一个做了4年公务员工作的人，放弃公职，接受了一份销售的工作。干了一段时间后，有个朋友问起他的基本情况。他说："我已经工作好几个月了。第一个月的时候，我拿到的薪水和我做公务员时的工资一样，5000 多元。后来，每个月我的工资都能涨 230 元。没有多长时间，我的工资就有 7000 多元了。而从做销售到现在我已经赚了 63810 元了。”请问：这个人做公务员时的工资是多少？

167. 服装店老板的困惑

中级　　难度星级：☆☆☆★★　　知识点：列方程

有一个服装店老板进了 2 件衣服，并都以每件 90 元的价格卖掉了，其中的一件赚了 50%，另一件赔了 50%。那你能告诉这个老板，他是赚了、赔了还是持平了？

168. 猜字母

中级　　难度星级：☆☆★★★　　知识点：找规律

按照图中字母排列的逻辑，问号处该填哪一个字母？

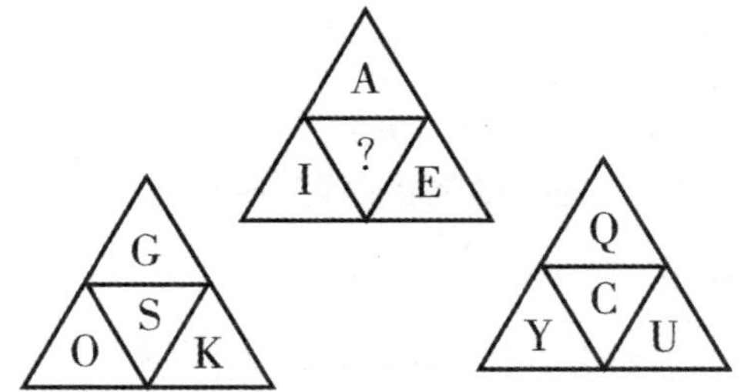

169. 四瓶啤酒

中级　　难度星级：☆☆★★★　　知识点：几何思维

有 4 瓶啤酒，你能设计出一种摆法，使每两只啤酒瓶的瓶盖之间的距离相等吗？

170. 矩形和球

高级　　难度星级：☆★★★★　　知识点：自转与公转

2个小球从一矩形边上的同一点出发沿矩形滚动，一个在矩形内部，一个在外部——直到它们最终都回到起点。

如果矩形的宽是小球周长的2倍，而矩形的长是宽的2倍，那么，从起点出发再回到起点，2个小球自身各转了几圈？

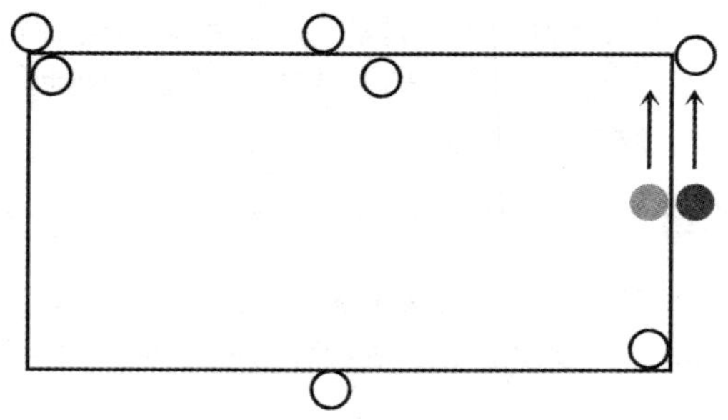

171. 指针的角度

中级　　难度星级：☆☆☆★★　　知识点：简化思维

经过7小时15分钟，时钟的时针与分针各转了多少度？

172. 工厂车间

中级　　难度星级：☆☆★★★　　知识点：比例

在一个工厂车间里，有两条传输皮带，皮带的长度都是100米，两条皮带的终点在一起，甲、乙2种原料分别被放在两条皮带的起点上。运输甲的为1号皮带，运输乙的为2号皮带。由于两条皮带的转动速度不同，当甲到达终点的时候，乙还有10米才能到。为了让甲、乙两种原料同时到达终点，车间主任把皮带做了改进：保持各自速度不变，把1号皮带延长10米。这样，两种原料是不是能同时到达终点了？

173. 男孩和女孩

中级　　难度星级：☆☆★★★　　知识点：列方程

幼儿园里，老师组织小朋友们一起游泳。男孩子戴的是天蓝色游泳帽，女孩子戴的是粉红色游泳帽。

有趣的是：在每一个男孩子看来，天蓝色游泳帽与粉红色游泳帽一样多；而在每一个女孩子看来，天蓝色游泳帽是粉红色游泳帽的 2 倍。

你说说看，男孩子与女孩子各有多少个？

174. 饮料促销

中级　　难度星级：☆☆★★★　　知识点：简化思维

27 名同学去郊游，在途中休息的时候，口渴难耐，去小店买饮料。饮料店搞促销，凭 3 个空瓶可以再换 1 瓶。他们最少买多少瓶饮料才能保证每人喝 1 瓶？

175. 父亲节的玫瑰花

高级　　难度星级：☆★★★★　　知识点：整体思维

于先生有 5 个女儿，一年的父亲节，5 个女儿分别送于先生 1 束玫瑰花。

这 5 束玫瑰花各有特色：他们每束有 8 朵，而玫瑰的颜色分别为黄、粉、白、红 4 种。而且，所有的玫瑰花加起来，4 种颜色的花的总数一样多。但是 5 束花看起来是有所区别的，每束花中不同颜色花的数量并不都相同，而且每种颜色的花都至少会有 1 朵。

5 个女儿送的花的情况是：

大女儿送的花束中，黄色的花比其余 3 种颜色的花加起来还要多；

二女儿送的花束中，粉色的花比其余任何一种颜色的花都少；

三女儿送的花束中，黄色的花和白色的花之和与粉色的花和红色的花之和相等；

四女儿送的花束中，白色的花是红色的花的两倍；

五女儿送的花束中，红色的花和粉色的花一样多。

请问：每个女儿送的花束中，四种颜色的玫瑰花各有几朵？

176. 分苹果

中级　　难度星级：☆☆☆★★　　知识点：分数

甲、乙、丙 3 家住在一层楼里，他们共同打扫走廊的卫生。他们约定，每 9 天由 3 家分别打扫 3 天。但是，由于丙家里有事，没有时间打扫，楼梯就由甲、乙两家代替打扫。这样甲家打扫了 5 天，乙家打扫了 4 天。丙回来以后就买了 9 斤苹果表示感谢。

请问：丙该怎样分配这 9 斤苹果才算合理呢？

177. 人名的加法

高级　　难度星级：☆★★★★　　知识点：加法算式

唐纳德，杰拉尔德，罗伯特 3 人是好朋友，他们的英文名字分别为 DONALD，GERALD，ROBERT。

他们的一个共同的朋友很喜欢开玩笑，一天，这个朋友用三个人的名字设计了一个有趣的题目。

已知公式：

$$DONALD+GERALD=ROBERT$$

在上面的这个公式中共有 10 个不同的英文字母，他们与 0 ~ 9 这 10 个阿拉伯数字一一对应。

现在已知 D=5。

请在 5 分钟之内计算出其余 9 个字母分别代表什么数字。

178. 跳跃魔术

高级　　难度星级：☆★★★★　　知识点：概率

你的朋友告诉你，他今天要跟你打个赌：他首先把一副扑克牌洗好，把除两个王以外的 52 张牌依次扣在桌面上，然后他把第 2 张牌翻开，是方片 5，他向前数 5 张牌，翻开后，是梅花 4，然后又向前数了 4 张牌，以此类推，每一次翻开的牌的上面的数字是几，就向前走几步（J，Q，K 按 1 算）……最后，当翻开红桃 5 时，已经接近牌的末尾，无法再向前数了。

接着，他把除最后翻开的红桃 5 以外的所有牌都翻回去。然后他说："你可以从第 1 张牌到第 10 张牌任意选 1 张开始，重复我的过程，如果你最后的 1 张牌也停在红桃 5，那么你就输了；如果你最后 1 张不是红桃 5，我就输了。"你敢跟你的朋友打这个赌吗？

179. 正面与反面

中级　　难度星级：☆☆★★★　　知识点：补数

桌上有 23 枚硬币，其中 10 枚正面朝上。假设蒙住你的眼睛，而你的手又摸不出硬币的正反面。如何才能把这些硬币分成两堆，使每堆正面朝上的硬币的个数相同？

180. 猎人的挂钟

中级　　难度星级：☆☆★★★　　知识点：对称

一个住在深山中的猎人，他只有一个挂钟挂在屋子里。这天，因为忘了上发条挂钟停了，而附近又没有地方可以校对时间。

他决定下山到市集购买日用品，出门前他先上紧挂钟的发条，并记下了当时挂钟的时间为上午 6:35（时间已经不准了）。途中他经过电信局，电信局的时钟是很准的，猎人看了时钟并记下了时间为上午 9:00。到市集采购完需要的商品，猎人又原路返回。经过电信局时，电信局的时钟显示是上午 10:00。回到家里，墙上的挂钟指着上午 10:35。请问现在的标准时间是多少？

181. 摘了多少桃子

中级　　难度星级：☆☆★★★　　知识点：倒推法

一只小猴子跑到果园里摘桃子，不一会儿就摘到了好多，他很高兴，背起来就往家走。

可是没走几步，就被山神拦住了，山神说这片果园是他的，见面要分一半。小猴子无奈，只好把桃子分了一半给山神。

分完以后，山神看见小猴子的包里有 1 个特别大的桃子，又拿走了那个桃子。

小猴子很生气，背着桃子悻悻地走了。

没走多远，小猴子又被风爷爷拦住了，风爷爷也从小猴子的包里拿走了一半外加 1 个桃子。

之后，小猴子又被雨神、雷神、电神用同样的办法拿了桃子。等小猴子到家的时候，包里只剩下 1 个桃子了。

小猴子委屈地向妈妈诉说自己的遭遇。妈妈问他原来有多少个桃子，小猴子说他也不知道。

但妈妈算了一下，很快就知道小猴子原来有多少个桃子了。

你知道有多少个吗？

182. 填空格

中级　　难度星级：☆☆★★★　　知识点：找规律

请仔细观察下图，想想问号处该填什么图案？

183. 卖金鱼

高级　　难度星级：☆★★★★　　知识点：单价

马大叔在市场上开了个商店专门卖各种各样的金鱼。过了几天他发现，黄尾和红尾的金鱼最好卖，但是令他不解的是，有时候一天中红尾金鱼好卖，有时候黄尾金鱼好卖，似乎客人总是扎堆买同一种金鱼。进价的原因，黄尾金鱼 10 块钱 5 条，红尾金鱼 10 块钱 2 条。他想着如果把两种金鱼搭配着卖就能卖得更多了，于是他进了同样数量的黄尾金鱼和红尾金鱼并把它们混在一起，卖 20 元 7 条金鱼。卖光后，他发现比单独卖少卖了 180 元钱。这是怎么回事呢？他进货时黄尾金鱼、红尾金鱼各进了多少条？

184. 冰棍的价格

中级　　难度星级：☆☆☆★★　　知识点：列方程

阿聪和女朋友小丽去逛公园，玩得累了，小丽就想买个冰棍，看了价格后，阿聪说："我的钱正好只差 1 分。"小丽说："我差 1 元。"卖冰棍的老板说："你们俩合买 1 根好了。"小丽撇了撇嘴说："那也不够。"请问 1 个冰棍多少钱？

185. 立方体网格

中级　　难度星级：☆☆★★★　　知识点：立体思维

如图所示，观察下面的方格，哪些可以构成 6 个面的立方体？

186. 分田地

中级　难度星级：☆☆☆★★　知识点：勾股数

解放战争时期，有个村子在打土豪、分田地。最后就剩下 2 个农户了，他们 2 人要分 3 块儿地。3 块儿地刚巧都是正方形的，边长分别为：30 米、40 米、50 米。村民打算把这 3 块儿地平均分给 2 个农户，该怎么分？

187. 好心人与乞丐

中级　难度星级：☆☆☆★★　知识点：倒推法

一个好心人在街上走，遇到了一个乞丐，这个好心人就把口袋里所有钱的一半加上 1 元钱给了乞丐；然后继续向前走，走着走着，又遇到了一个乞丐，他就把口袋里的所有钱的一半加上 2 元钱给了他；然后他又遇到了第三个乞丐，同样，他把口袋里所有钱的一半加上 3 元钱给了他。这样一来，他的口袋里就只剩下 1 元钱了。

问：开始时他的口袋里有多少钱？

188. 新款服装

中级　难度星级：☆☆☆★★　知识点：百分数

某服装店新进了一批最新款式的服装，很受欢迎。于是，经理决定提价 10% 销售。涨价之后顾客急剧减少，服装开始滞销，于是经理不得不又做出降价 10% 的决定。有人说服装店瞎折腾，涨了 10% 又降了 10%，价格又回到原价位；有人说服装店不会干赔钱的事，实际上价格高了；也有人说服装店自作聪明，实际上是赔了钱。你认为呢？服装店现在的价格比原来的售价高了、低了还是没变？

189. 起起落落

中级　　难度星级：☆☆☆★★　　知识点：百分数

一个食品店，引入了一种海鲜。由于这里的人没有吃过海鲜，就都不敢吃。老板看了之后，决定降价 15%，先让大家尝尝鲜。结果过了一段时间后，海鲜市场打开了，海鲜也变得供不应求。老板想了想就决定再涨价 15%。那现在的海鲜价格比起最开始高了、低了还是没变？

190. 鸡的重量

中级　　难度星级：☆☆☆★★　　知识点：列方程组

“这两只鸡一共 20 斤，”小贩说，“小的比大的每斤贵 2 角钱。”一个顾客花了 8 元 2 角买了那只小的，而另一名顾客花了 29 元 6 角买了那只大的。

问：两只鸡各多少斤？

191. 水与水蒸气

中级　　难度星级：☆☆☆★★　　知识点：倍数

已知水蒸发变成水蒸气，体积增加了 10 倍，那么如果这些水蒸气再变成水，体积变为原来的几分之几？

192. 花色组合

中级　　难度星级：☆☆★★★　　知识点：排列组合

从一副牌中去掉所有的方块，只剩下 3 种花色。现在从中抽出 4 张牌，能得到多少种花色组合？

193. 三重 *JQK*

中级　　难度星级：☆☆★★★　　知识点：假设法

下面是一个由 J、Q、K 组成的等式，J、Q、K 分别是 1 ~ 9 之间的不同的 3 个数字，那么它们分别是哪些数字呢？

JJJ+QQQ+KKK=JQQK

194. 三张组合

中级　　难度星级：☆☆★★★　　知识点：排列组合

有红桃、黑桃、梅花的 A ~ 5 共 15 张牌，从中抽出 3 张，这 3 张牌的大小组合共有多少种？

195. 沙漏计时器

中级　　难度星级：☆☆☆★★　　知识点：凑数字

据说，鸡蛋煮得过生或者过熟都会影响鸡蛋中营养成分。假设煮鸡蛋最恰当的时间是 5 分钟，但你手上只有一个 4 分钟的沙漏计时器和一个 3 分钟的沙漏计时器。该怎样做才能用这两个计时器确定 5 分钟呢？

196. 猜牌术

高级　　难度星级：☆★★★★　　知识点：恒等变换

表演者将一副牌交给观众，然后背过脸去，请观众按他的口令去做。

（1）在桌上摆 3 堆牌，每堆牌的张数要相等（假如是 15 张），但是不要告诉表演者。

（2）从第 2 堆中拿出 4 张牌放在第 1 堆里。

（3）从第 3 堆牌中拿出 8 张牌放在第 1 堆里。

（4）数一下第 2 堆还有多少牌（本例中还有 11 张牌），从第 1 堆牌中取出与第 2 堆相同数量的牌放在第 3 堆里。

（5）从第 2 堆中拿出 5 张牌放在第 1 堆里。

表演者转过脸来，现在说："把第 2 堆牌、第 3 堆牌拿开，那么第 1 堆中还有 21 张，对不对？"观众数一下，果然还有 21 张。

其中有什么诀窍呢？

197. 尾巴搬上脑袋

中级　　难度星级：☆☆★★★　　知识点：拆分法

如图所示，6 张扑克有这样的特点：将它乘以 4 以后，得到的数正好是将末尾的扑克放到头上来。

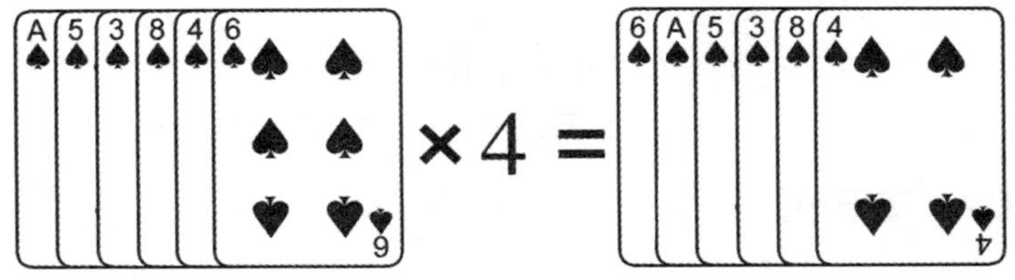

你能找出其他的有这种特点的扑克组合吗？

198. 牌色概率

中级　　难度星级：☆☆★★★　　知识点：概率

30 张红桃和 70 张黑桃混在一起放在桌上，甲从中随机抽出 1 张。乙根据偷看的印象说，甲抽到的是黑桃。但是根据当时的情况，乙看正确的可能性是 80%。那么，甲抽到的确实是黑桃的概率到底是多少？

199. 抽牌概率（1）

中级　　难度星级：☆☆★★★　　知识点：概率

在一副已经洗乱的扑克牌（只含 1 张王牌，共 53 张）中，随机不断抽出牌。问先抽到王牌后再把 4 张 A 抽出的概率是多少？

200. 抽牌概率（2）

中级　　难度星级：☆☆★★★　　知识点：概率

在一副已经洗乱的扑克牌（不含 2 张王牌，共 52 张）中，随机抽出 5 张牌，问抽到同花顺的概率是多大?

201. 抽牌概率（3）

高级　　难度星级：☆★★★★　　知识点：概率

在一幅牌中去掉花牌和王牌，只留下 A ～ 10 共 40 张牌。现在从中抽出 6 张，问:

（1）这 6 张中有至少 3 张 A 的概率是多少?

（2）这 6 张中 A、2、3 各至少有一张的概率是多少?

202. 转硬币

中级　　难度星级：☆☆☆★★　　知识点：自转与公转

有 2 枚同样大小的硬币，1 枚固定在桌面上，另 1 枚绕着它旋转，则外面的硬币在从初始位置到绕着固定硬币转 1 圈又回到初始位置的过程中，自转了几周呢？

第五章

数学巧应用

一般复合应用题是在简单应用题的基础上发展而来的。它是由两个或两个以上的基本数量关系所组成的，即用两步或两步以上的运算进行解答的应用题。

（1）一般复合应用题的解法

解一般复合应用题，一般先将它分解成几个简单的一步应用题，分别求出间接问题，然后再求出最终结果。

① 分析法。

从应用题的问题出发，运用基本数量关系，找出解决问题所需的两个条件。如果这两个条件（或其中的一个）在题目中没有直接给出，那么就找出求这两个条件（或其中的一个）还需要什么条件。直到所需的条件都是已知条件为止。

② 综合法。

从应用题的已知条件出发，运用基本数量关系，选择两个相关联的已知条件，求出一个新问题。再把求出的新问题与原来题中的已知条件合在一起，再求出另一个新问题。如此继续下去，直到求出所有的问题为止。

③ 分析综合法。

将分析法和综合法结合起来交替使用。当已知条件中有明显计算过程时就用综合法顺推，遇到困难时再转向原题所提的问题并用分析法逆推，顺推和逆推联系上了，问题就解决了。

（2）一般复合应用题的解题步骤

第一步：认真审题。弄清题意，找出已知条件和所求问题。

第二步：理清思路。分析题里的数量间的关系，确定先算什么，再算什么，最后算什么。

第三步：列式计算。确定每一步该怎么算，列出式子算出得数。

第四步：检验作答。

很多特殊方法和解题技巧都需要根据具体的题型来进行选择和运用。下面我们来简单介绍一些数学计算中常见的题型及它们的解题技巧。

203. 归一归总问题

（1）归一问题

根据已知条件，解题时先求出一份是多少（归一），如单位时间内做的工作，或者单位时间内的路程等，然后再以这个标准去求未知量，这类问题叫归一问题。

根据求“单一量”的步骤的多少，归一问题可以分为一次归一问题和两次归一问题。

一次归一问题：用一步运算就能求出单一量的归一问题，又叫单归一。

两次归一问题：用两步运算才能求出单一量的归一问题，又叫双归一。

正归一问题：用等分除法求出单一量后，再用乘法计算结果的归一问题。

反归一问题：用等分除法求出单一量后，再用除法计算结果的归一问题。

数量关系式：单一量 × 份数 = 总数量（正归一）

总数量 ÷ 单一量 = 份数（反归一）

例 1

小明家有 3 只猫，5 天能吃一袋 6 千克的猫粮，按这样计算，如果小明再收养 5 只猫，16 袋 5 千克的猫粮可以吃几天?

解答

平均每只猫每天吃猫粮：6÷3÷5=0.4 千克 / 只 / 天。

现在有猫：3+5=8 只。

现有饲料：16×5=80 千克。

可以吃的天数：80÷0.4÷8=25 天。

所以 16 袋 5 千克的猫粮可以吃 25 天。

（2）归总问题

归总问题是指，在解答问题时先要计算出总数量（归总），然后再算出所求数量是多少的应用题。

数量关系式：单位数量 × 单位数量的个数 ÷ 另一个单位数量 = 另一个单位数量的个数

例 2

一项工程由 6 个工人工作，8 天可以完成。如果再增加 2 人，多少天可以完成?

解答

首先我们假设每个工人每天的工作量为 1。

先计算出总工作量：1×6×8=48。

再求需要多少天：48÷（6+2）÷1=6 天。

所以，如果再增加 2 人，6 天可以完成全部工作量。

204．和差倍问题

和差倍问题分为和差问题、和倍问题、差倍问题。

（1）和差问题

已知两个数的和与差，求出这两个数各是多少的问题，叫作和差问题。

基本数量关系是：

（和＋差）÷2= 大数

（和－差）÷2= 小数

解答和差问题的关键是选择合适的数作为标准，设法把若干个不相等的数变为相等的数，某些复杂的题目没有直接告诉我们两个数的和与差，可以通过转化求它们的和与差，再按照和差问题的解法来解答。

例 1

有甲乙两堆煤，共重 52 吨，已知甲比乙多 4 吨，两堆煤各重多少吨？

解答

我们先找出两个数的和与差。由“这两堆煤共重 52 吨”可知，两数和是 52；由“甲比乙多 4 吨”可知，两数差是 4。甲的煤多，甲是大数，乙是小数。

故解法如下。

甲：（52+4）÷2=28 吨

乙：28−4=24 吨

（2）和倍问题

已知两个数的和，又知两个数的倍数关系，求这两个数分别是多少，这类问题称为和倍问题。

要想顺利解决和倍问题，最好的方法就是根据题意，画出线段图，使数量关系一目了然，从而正确地列式计算。

解决和倍问题的基本方法：将小数看成 1 份，大数是小数的 n 倍，大数就是 n 份，两个数一共是 $n+1$ 份。

基本数量关系：小数 = 和 ÷（n+1）

大数 = 小数 × 倍数，或和 − 小数 = 大数所以，解答和倍问题的关键是找出两数的和以及与其对应的倍数和。

如果遇到三个或三个以上的数的倍数关系，也可用这个公式。（首先找最小的一个数，再找出另几个数是最小数的倍数即可。）

例 2

甲班和乙班共有图书 160 本，甲班的图书是乙班的 3 倍，甲乙两班各有图书多少本?

解答

从题目中知，乙班的图书数较少，故乙是小数，占 1 份，甲占 3+1 份。

所以，乙：160÷（3+1）=40 本

甲：160−40=120 本

已知两个数的和与它们之间的倍数关系，求这两个数各是多少的问题，叫作和倍问题。

（3）差倍问题

已知两个数的差，并且知道两个数的倍数关系，求这两个数，这样的问题称为差倍问题。

解决差倍问题的基本方法：将小数看成 1 份，如果大数是小数的 n 倍，根据数量关系知道大数是 n 份，又知道大数与小数的差，即知道 $n-1$ 份是几，就可以求出 1 份是多少。

基本数量关系：小数 = 差 ÷（$n-1$）

大数 = 小数 ×n 或 大数 = 差 + 小数

例 3

一张桌子的价格是一把椅子的 3 倍，购买一张桌子比一把椅子贵 60 元。问桌椅各多少元?

解答

桌子的价格与椅子的价格的差是 60，将椅子看成小数占 1 份，桌子占 3 份，份数差为 3-1 份。所以，根据数量关系，可求得：

椅子的价格：60÷（3-1）=30 元

桌子的价格：30+60=90 元

（4）年龄问题

年龄问题，一般是已知两个人或若干个人的年龄，求他们年龄之间的某种数量关系等。年龄问题又往往是和倍、差倍、和差等问题的综合。它有一定的难度，因此解题时需抓住其特点。

对于年龄问题，我们要知道的是每过一年，所有的人都长了一岁。而且不管时间如何变化，两人的年龄的差总是不变的。所以年龄问题的关键是“大小年龄差不变”。

几年前的年龄差和几年后的年龄差是相等的，即变化前的年龄差 = 变化后的年龄差。解题时将年龄的其他关系代入上述等式即可求解。

解答年龄问题的一般方法如下。

几年后年龄 = 大小年龄差 ÷ 倍数差 − 小年龄

几年前年龄 = 小年龄 − 大小年龄差 ÷ 倍数差

例 4

小张在一所学校当老师，最近学校新进两名同事小李和老王。小张想知道小李的年龄。小李喜欢开玩笑，于是对小张说：“想知道我的年龄并不难，你猜猜看吧！我的年龄和老王的年龄合起来是 48 岁，老王现在的年龄是我过去某一年的年龄的两倍；在过去的那一年，老王的年龄又是将来某一年我的年龄的一半；而到将来的那一年，我的年龄将是老王过去当他的年龄是我的年龄三倍时的年龄的三倍。你能算出来我现在是多少岁了吗？”

小张被绕糊涂了，你能帮他算出来小李现在的年龄吗？

解答

设小李 x 岁，老王 y 岁。

“老王现在的年龄是我过去某一年的年龄的两倍”，在这一年，小李$\frac{y}{2}$岁，老王$y-(x-\frac{y}{2})=\frac{3y}{2}-x$岁。

“在过去的那一年，老王的年龄又是将来某一年我的年龄的一半”，在这个时刻，小李$3y-2x$岁。

“老王过去当他的年龄是我的年龄三倍时”，这时老王的年龄是$(3y-2x)\div3=y-\frac{2x}{3}$岁，小李的年龄是$(y-\frac{2x}{3})\div3=\frac{y}{3}-\frac{2x}{9}$岁。

因为是同一年，所以有等式：$x-(\frac{y}{3}-\frac{2x}{9})=y-(y-\frac{2x}{3})$。化简为：$5x=3y$。

因为$x+y=48$，解得$x=18$。所以小李现在的年龄是18岁。

205. 行程问题

（1）相遇问题

两个运动物体做相向运动，或者在环形跑道上做背向运动，一段时间之后，必然会面对面相遇，这类问题叫作相遇问题。它的特点是两个运动物体共同走完整个路程。

相遇问题根据数量关系可分成三种类型：求路程，求相遇时间，求速度。

它们的基本关系式如下。

总路程 =（甲速度 + 乙速度）× 相遇时间

相遇时间 = 总路程 ÷（甲速度 + 乙速度）

甲速度 = 甲乙速度和 − 乙速度

例 1

今有甲，发长安，五日至齐；乙发齐，七日至长安。今乙发已先二日，甲乃发长安。问几何日相逢？

这个题目的大意是：甲从长安出发，需五天时间到达齐；乙从齐出发，需七天时间到达长安。现在乙从齐出发两天后，甲才从长安出发。问几天后两人相遇？

解答

这个问题在古代是非常难的，但是现在我们来看，就是一个简单的相遇问题。设长安至齐的距离为 1，甲的速度为$\frac{1}{5}$，乙的速度为$\frac{1}{7}$，因为乙先出发 2 天，所以列出算式为：

$$\left(1-\frac{2}{7}\right)\div\left(\frac{1}{5}+\frac{1}{7}\right)=\frac{25}{12}\text{天}$$

也就是说，还要再经过$\frac{25}{12}$天两人相遇。

（2）追及问题

两个运动物体在不同地点同时出发（或者在同一地点不同时出发，或者在不同地点不同时出发）做同向运动。在后面的物体行进速度要快一些，在前面的物体行进速度慢一些，在一定时间之内，后面的物体会追上前面的物体。这类问题叫作追及问题。

它们的基本式如下。

追及时间 = 追及路程 ÷（快速 − 慢速）

追及路程 =（快速 − 慢速）× 追及时间

根据速度差、距离差和追及时间三者之间的关系，常用下面的公式。

距离差 = 速度差 × 追及时间

追及时间 = 距离差 ÷ 速度差

速度差 = 距离差 ÷ 追及时间

速度差 = 快速 − 慢速

解题的关键是在互相关联、互相对应的距离差、速度差、追及时间三者之中，找出两者，然后运用公式求出第三者。

追及问题的变化有很多种，比如著名的放水问题，其实质也可以理解为追及问题。

例如，一个水池有进水管和排水管，单开进水管，10 分钟可注满水，单开排水管，20 分钟可以将满池水排光。如果两管同时开，多少分钟可注满整个水池？

这个题就可以按追击问题思路来做：进水的速度是 $\frac{1}{10}$，排水的速度是 $\frac{1}{20}$，两者的差为 $\frac{1}{20}$，所以 20 分钟可以注满。

例 2

两辆车分别从甲地开往乙地，甲车的速度为 120 千米 / 时，乙车的速度为 75 千米 / 时，乙车先走 12 小时，问甲车几小时可以追上乙车？

解答

追击距离 =75 × 12=900 千米

所以，追击时间 =900 ÷（120−75）=20 小时

所以，要经过 20 小时甲车才能追上乙车。

（3）相离问题

两个运动物体由于背向运动而距离越来越远，这种问题就是相离问题。

其实从实质上说，相离问题就是反向的相遇问题。所以，解答相离问题的关键是求出两个运动物体的速度和。

基本公式如下。

两地距离 = 速度和 × 相离时间

相离时间 = 两地距离 ÷ 速度和

速度和 = 两地距离 ÷ 相离时间

例 3

两个人骑自行车沿着 900 米长的环形跑道行驶，他们从同一地点反向而行，经过 18 分钟会相遇。若他们同向而行，那经过 180 分钟甲车会追上乙车，求两人骑自行车的速度?

解答

两人的速度和 =900 ÷ 18=50 米 / 分，设甲车的速度为 x，那么有:［x-（50-x）］× 180=900，解得 x=27.5。

所以甲车的速度27.5米/分，乙车的速度=50-27.5=22.5米/分。

（4）时钟问题

时钟问题可以看作是一个特殊的圆形轨道上两人追及或相遇问题，不过这里的两个“人”分别是时钟的分针和时针。

时钟问题有别于其他行程问题是因为它的速度和总路程的度量方式不再是常规的米 / 秒或者千米 / 时，而是两个指针“每分钟走多少角度”或者“每分钟走多少小格”。对于正常的时钟，具体为：整个钟面为 360 度，上面有 12 个大格，每个大格为 30 度; 60 个小格，每个小格为 6 度。

分针速度：每分钟走 1 小格，每分钟走 6 度。

时针速度：每分钟走 $\frac{1}{12}$ 小格，每分钟走 0.5 度。

解决这类问题的关键：一是确定分针与时针的初始位置；二是确定分针与时针的路程差。

解决这类问题的基本方法一般有两种。

方法一：分格方法

时钟钟面的圆周被均匀分成 60 小格，每小格我们称为 1 分格。分针每小时走 60 分格，即一周；而时针只走 5 分格，故分针每分钟走 1 分格，时针每分钟走$\frac{1}{12}$分格，故分针和时针的速度差为$\frac{11}{12}$分格 / 分。

方法二：度数方法

从角度观点看，钟面圆周一周是 360 度，分针每分钟转 $360 \div 60$ 度，即 6 度，时针每分钟转 $360 \div (12 \times 60)$ 度，即 0.5 度，故分针和时针的角速度差为 5.5 度 / 分。

下面我们分情况来详细了解一下。

①时针与分针。

分针每分钟走 1 格，时针每 60 分钟 5 格，即时针每分钟走$\frac{1}{12}$格。每分钟时针比分针少走$\frac{11}{12}$格。

例 4

现在是 2 点，再过多久时针与分针第一次重合?

解答

2 点时，时针处在第 10 格位置，分针处于第 0 格，相差 10 格，则需经过 $10 \div \frac{11}{12}$分钟的时间。

②分针与秒针。

秒针每秒钟走 1 格，分针每 60 秒钟走 1 格，则分针每秒钟走$\frac{1}{60}$格，每秒钟秒针比分针多走$\frac{59}{60}$格。

例 5

中午 12 点，秒针与分针完全重合，那么到下午 1 点时，两针重合了多少次?

解答

秒针与分针重合，秒针走比分针快，重合后到下次再追上，秒针追赶了 60 格，即秒针追分针一次耗时 $60\div\frac{59}{60}=\frac{3600}{59}$ 秒。而到 1 点时，总共有时间 3600 秒，则能追赶，$3600\div\frac{3600}{59}=59$ 次。最后一次，两针又重合在 12 点。

③时针与秒针。

秒针每秒走 1 格，时针 3600 秒走 5 格，即时针每秒走 $\frac{1}{720}$ 格，每秒钟秒针比时针多走 $\frac{719}{720}$ 格。

例 6

中午 12 点，秒针与时针完全重合，那么到下次 12 点时，时针与秒针重合了多少次？

解答

重合后再追上，只可能是秒针追赶了时针 60 格，每秒钟追 $\frac{719}{720}$ 格，即一次要追 $60\div\frac{719}{720}=\frac{43200}{719}$ 秒。而 12 小时有 12×3600 秒，可以追 $12\times3600\div\frac{43200}{719}=710$ 次。此时重合在 12 点位置上。

④成角度问题。

例 7

从 12 时到 13 时，钟的时针与分针可成直角的机会有（　　）。

A. 1 次　　B. 2 次　　C. 3 次　　D. 4 次

解答

时针与分针成直角，即时针与分针的角度差为 90 度或者为 270 度，理论上讲应为 2 次，还要验证：

根据角度差 ÷ 速度差 = 分钟数，可得 $90\div5.5=16\frac{4}{11}$，$16\frac{4}{11}<60$，表示经过 $16\frac{4}{11}$分钟，时针与分针第 1 次垂直；同理，$270\div5.5=49\frac{1}{11}$，$49\frac{1}{11}<60$，表示经过 $49\frac{1}{11}$分钟，时针与分针第 2 次垂直。经验证，选 B 可以。

⑤相遇问题。

例 8

3 点过多少分时，时针和分针到“3”的距离相等，并且在“3”的两边？

解答

把追击问题转化为相遇问题计算。此题转化为时针以每分钟 $\frac{1}{12}$ 格的速度，分针以每分钟 1 格的速度相向而行，当时针和分针到 3 的距离相等，两针相遇，总行程为 15 格。所以，所用时间为：$15\div(1+\frac{1}{12})=\frac{180}{13}$分钟。

（5）流水行船问题

船只顺流而下和逆流而上的问题，通常称为流水问题，又叫行船问题。流水问题实质上来讲属于行程问题，仍然可以利用速度、时间、路程三者之间的关系进行解答。

流水问题的数量关系仍然是速度、时间与距离之间的关系。即：

速度 × 时间 = 距离

距离 ÷ 速度 = 时间

距离 ÷ 时间 = 速度

但是，因为河水是流动的，就有了顺流、逆流的区别。所以，在计算流水问题时，我们要注意各种速度的含义及它们之间的关系。

船在静水中行驶，单位时间内所走的距离叫作划行速度，也叫船速；而顺水行船的速度叫顺流速度；逆水行船的速度叫作逆流速度；船不靠动力顺水而行，单位时间内走的距离叫作水流速度。各种速度的关系如下。

船速 + 水流速度 = 顺流速度

船速 − 水流速度 = 逆流速度

（顺流速度 + 逆流速度）÷ 2= 船速

（顺流速度 − 逆流速度）÷ 2= 水流速度

例 9

甲乙两地相距 300 千米，船速为 20 千米 / 时，水流速度为 5 千米 / 时，问来回需要多少时间?

解答

假设去的时候顺流，则速度为 20+5=25 千米 / 时，所用时间为 300 ÷ 25=12 小时。

回来的时候逆流，则速度为 20−5=15 千米 / 时，所用时间为 300 ÷ 15=20 小时。

总时间：12+20=32 小时。

所以，来回需要 32 小时。

206. 排列组合问题

（1）抽屉问题

抽屉原理有时也被称为鸽巢原理。抽屉原理是德国数学家狄利克雷首先明确提出来并用以证明一些数论中的问题，因此，也被称为狄利克雷原理。它是组合数学中一个重要的原理。

假设，桌上有 10 个苹果，要把这 10 个苹果放到 9 个抽屉里，无论怎样放，我们会发现有 1 个抽屉里面至少放 2 个苹果。这一现象就是我们所说的“抽屉原理”。

抽屉原理的一般含义为：“如果每个抽屉代表一个集合，每 1 个苹果就可以代表 1 个元素，假如有 $n+1$ 个元素放到 n 个集合中去，其中必定有 1 个集合里至少有 2 个元素。”

抽屉原理有以下几种形式。

①抽屉原理 1：把多于 $n+1$ 个的物体放到 n 个抽屉里，则至少有 1 个抽屉里的东西不少于 2 件。

②抽屉原理 2：把多于 $mn+1$ 个的物体放到 n 个抽屉里，则至少有 1 个抽屉里有不少于 $m+1$ 个的物体。（m、n 不等于 0。）

③抽屉原理 3：如果有无穷件东西，把它们放在有限多个抽屉里，那么至少有 1 个抽屉里含无穷件东西。

④抽屉原理 4：把 $mn-1$ 个物体放入 n 个抽屉中，其中必有 1 个抽屉中至多有 $m-1$ 个物体。

应用抽屉原理解题，关键在于构造抽屉。并分析清楚问题中，哪个是物件，哪个是抽屉。构造抽屉的常见方法有：图形分割、区间划分、整数分类（剩余类分类、表达式分类等）、坐标分类、染色分类等。

例 1

属相有 12 个，那么任意 49 个人中，至少有几个人的属相是相同的呢?

解答

在一个问题中，一般较多的一方是物件，较少的一方是抽屉。属相有 12 个，是抽屉，49 个人是物件。所以，一个抽屉中至少有 $49 \div 12$，即商 4 余 1，余数舍去，所以至少有 4 个人的属相是相同的。

（2）排列与组合

排列组合是组合学中最基本的概念。所谓排列，就是指从给定个数的元素中取出指定个数的元素进行排序。组合则是指从给定个数的元素中仅仅取出指定个数的元素，不考虑排序。排列组合的中心问题是研究给定要求的排列和组合可能出现的情况总数。

排列的定义：从 n 个不同元素中，任取 m（$m \leqslant n$，m 与 n 均为自然数，下同）个元素按照一定的顺序排成一列，叫作从 n 个不同元素中取出 m 个元素的一个排列；从 n 个不同元素中取出 m（$m \leqslant n$）个元素的所有排列的个数，叫作从 n 个不同元素中取出 m 个元素的排列数，用符号 A_n^m 表示。

组合的定义：从 n 个不同元素中，任取 m（$m \leqslant n$）个元素并成一组，叫作从 n 个不同元素中取出 m 个元素的一个组合；从 n 个不同元素中取出 m（$m \leqslant n$）个元素的所有组合的个数，叫作从 n 个不同元素中取出 m 个元素的组合数。用符号 C_n^m 表示。

排列组合问题的解题技巧

①能直接数出来的，尽量不用排列组合来求解，容易出错。

②分步分类处理。

例 2

要从 3 男 2 女中安排 2 人周日值班，至少有 1 名女职员参加，有多少种不同的排法?

解答

当只有 1 名女职员参加时，有 $C_2^1 \times C_3^1$ 种；

当有 2 名女职员参加时，有 1 种。

所以一共有 $C_2^1 \times C_3^1+1$ 种。

③特殊位置先排。

例 3

某单位安排 5 位工作人员在星期一至星期五值班，每人 1 天且不重复。若甲乙两人都不能安排在星期五值班，则不同的排班方法共有多少种?

解答

先安排星期五，后其他。共有 $3A_4^4$ 种。

④相同元素的分配（如名额等，每个组至少 1 个），用隔板法。

例 4

把 12 个小球放到编号不同的 8 个盒子里，每个盒子里至少有 1 个小球，共有多少种方法?

解答

0 0 0 0 0 0 0 0 0 0 0 0，共有 12−1 个空，用 8−1 个隔板插入，一种插板方法对应一种分配方案，共有 C_{11}^7 种，即为所求。

注意：如果小球也有编号，则不能用隔板法。

⑤相离问题（互不相邻），用插空法。

例 5

7 人排成一排，甲、乙、丙 3 人互不相邻，有多少种排法?

解答

| 0 | 0 | 0 | 0 |，分两步。第一步，排其他 4 个人的位置，4 个 0 代表其他 4 个人的位置，有 A_4^4 种。第二步，甲乙丙只能分别出现在不同的 | 上，有 A_5^3 种，则 $A_4^4 \times A_5^3$ 即为所求。

⑥相邻问题，用捆绑法。

例 6

7 人排成一排，甲、乙、丙 3 人必须相邻，有多少种排法?

解答

把甲、乙、丙看作一个整体 x。第一步，其他 4 个元素和 x 元素进行排列，有 A_5^5 种；第二步，再排 x 元素内部，有 A_3^3 种。所以排法共有 $A_5^5 \times A_3^3$ 种。

⑦定序问题。

例 7

有 1、2、3……9 共 9 个数字，可组成多少个没有重复数字，且百位数字大于十位数字，十位数字大于个位数字的 5 位数?

解答

分步。第一步，选前两位，有 A_9^2 种可能性。第二步，选后三位。因为后三位只要数字选定，就只有一种排序，选定方式有 C_7^3 种。即后三位有 C_7^3 种可能性。则答案为 $A_9^2 \times C_7^3$。

⑧平均分组。

例 8

有 6 本不同的书，分给甲、乙、丙 3 人，每人 2 本。有多少种不同的分法?

解答

分三步，先从 6 本书中取 2 本给一个人，再从剩下的 4 本中取 2 本给另一个人，剩下的 2 本给最后一人，共 $C_6^2 \times C_4^2 \times C_2^2$ 种。

207. 其他问题

(1) 植树问题

按相等的距离植树，在距离、棵距、棵数这三个量之间，已知其中的两个量，要求第三个量，这类问题叫作植树问题。

植树问题基本的数量关系如下。

线形植树棵数 = 距离 ÷ 棵距 +1

环形植树棵数 = 距离 ÷ 棵距

方形植树棵数 = 距离 ÷ 棵距 −4

三角形植树棵数 = 距离 ÷ 棵距 −3

面积植树棵数 = 面积 ÷（棵距 × 行距）

例 1

一条河堤长 136 米，每隔 2 米栽一棵垂柳，头尾都栽，一共要栽多少棵垂柳?

解答

136÷2+1=68+1=69 棵

所以，一共要栽 69 棵垂柳。

(2) 工程问题

工程问题是把工作总量看成单位“1”的问题。由于在工程问题解题中遇到的不是具体数量，与学生的习惯性思维相逆，同学们往往感到很抽象，不易理解。而一些比较难的工程问题，其数量关系一般很隐蔽，工作过程也较为复杂，往往会出现多人多次参与工作的情况，数量关系难以梳理清晰。

另外，一些较复杂的其他问题，其实质也是工程问题，我们不要被其表面特征所迷惑。

工程问题是从分率的角度研究工作总量、工作时间和工作效率三个量之间的关系，它们有如下关系。

工作效率 × 工作时间 = 工作总量

工作总量 ÷ 工作效率 = 工作时间

工作总量 ÷ 工作时间 = 工作效率

工程问题中的木桶原理

木桶原理是讲一只水桶能装多少水取决于它最短的那块木板。也就是说，一只木桶想盛满水，必须每块木板都一样平齐且无破损，如果这只桶的木板中有一块不齐或者某块木板下面有破洞，这只桶就无法盛满水。所以，一只木桶能盛多少水，并不取决于最长的那块木板，而是取决于最短的那块木板。也可称为短板效应。

例 2

一件工作，甲单独做 12 小时完成，乙单独做 9 小时可以完成。如果按照甲先乙后的顺序，每人每次 1 小时轮流进行，完成这件工作需要几小时?

解答

设这件工作为“1”，则甲、乙的工作效率分别是$\frac{1}{12}$和$\frac{1}{9}$。按照甲先乙后的顺序，每人每次 1 小时轮流进行，甲、乙各工作 1 小时，完成这件工作的$\frac{7}{36}$，甲、乙这样轮流进行了 5 次，即 10 小时后，完成了工作的$\frac{35}{36}$，还剩下这件工作的$\frac{1}{36}$，剩下的工作由甲来完成，还需要$\frac{1}{3}$小时，因此完成这件工作需要$\frac{31}{3}$小时。

（3）浓度问题

浓度问题，又叫溶液配比问题。我们知道，将盐溶于水就得到了盐水，其中盐叫溶质，水叫溶剂，盐水叫溶液。如果水的量不变，那么盐加得越多，盐水就越浓，越咸。也就是说，盐水咸的程度即盐水的浓度，是由盐（纯溶质）与盐水（盐水溶液 = 盐 + 水）二者质量的比值决定的。这个比值就叫盐水的含盐量。类似地，酒精溶于水，纯酒精与酒精溶液二者质量的比值叫酒精含量。因而浓度就是用百分数表示的溶质质量与溶液质量的比值。

解答浓度问题，首先要弄清浓度问题的有关概念：

溶质：像食盐这样能溶于水或其他液体的纯净物质叫溶质；

溶剂：像水这样能溶解物质的纯净液体叫作溶剂；

溶液：溶质和溶剂的混合物（像盐放到水中溶成水）叫溶液；

浓度：溶质在溶液中所占的百分比叫作浓度。浓度又称为溶质的质量分数；

浓度 = 溶质 ÷ 溶液 ×100%，或者，浓度 = 溶质 ÷（溶质 + 溶剂）×100%；

溶液 = 溶质 ÷ 浓度，溶质 = 溶液 × 浓度。

关于稀释、加浓

盐水变淡——加水

盐水变淡——加比这更低浓度的盐水

盐水变浓——加盐

盐水变浓——加比这更高浓度的盐水

盐水变浓——减水，蒸发水分

综合来说，所有关于稀释和加浓的浓度问题都可以归纳为把 a 克 p_1% 的溶液，和 b 克 p_2% 的溶液混合。如果加水，则相当于加的是浓度 0% 的溶液，加盐相当于加的是浓度 100% 的溶液。

例 3

从装满 100g 浓度为 80% 的盐水杯中倒出 40g 盐水后再倒入清水将杯倒满，这样反复三次后，杯中盐水的浓度是多少？

A. 17.28%　　B. 28.8%　　C. 11.52%　　D. 48%

解答

开始时，溶质为 80g。第一次倒出 40g，再加清水倒满，倒出了盐 $80\times40\%$，此时还剩盐 $80\times60\%$。同理，第二次，剩 $80\times60\%\times60\%$。第三次，剩 $80\times60\%\times60\%\times60\%=17.28$g，所以最后浓度为 17.28%。

（4）赛制问题

在正规的大型赛事中，我们经常听到淘汰赛或者循环赛的提法，实际上这是两种不同的赛制，选手们需要根据事前确定的赛制规则进行比赛。我们先谈谈两者的概念和区别。

循环赛

循环赛就是参加比赛的各队之间，轮流进行比赛，做到队队都会相遇，根据各队胜负的场次积分决定名次。循环赛包括单循环和双循环。

单循环是每个参加比赛的队均能与其他各个队相遇一次，最后按各队在全部比赛中的积分、得失分率排列名次。单循环适用于参赛选手人数不多，而且时间和场地都有保证的情况。

单循环比赛场次的计算公式为：单循环赛比赛场次数 = 参赛选手数 ×（参赛选手数 −1）/2。

双循环是所有参加比赛的队均能相遇两次，最后按各队在两个循环的全部比赛中的积分、得失分率排列名次。双循环适用于参赛选手人数少，或者打算创造更多的比赛机会的情况。

双循环比赛场次计算的公式为：双循环赛比赛场次数 = 参赛选手数 ×（参赛选手数 −1）。

淘汰赛

淘汰赛就是所有参加比赛的队按照预先编排的比赛次序、号码位置，每两队之间进行一次第一轮比赛，胜队再进入下一轮比赛，负队便被淘汰，失去继续参加比赛的资格，能够参加到最后一场比赛的队，胜队为冠军，负队为亚军。淘汰赛常用于需要决出冠（亚）军的场次，以及前三（四）名的场次。

决出冠（亚）军的比赛场次计算的公式为：由于最后一场比赛是决出冠（亚）军，若是 n 个人参赛，只要淘汰掉 $n-1$ 个人就可以了，所以比赛场次是 $n-1$ 场，即：淘汰出冠（亚）军的比赛场次 = 参赛选手数 −1。决出前三（四）名的比赛场次计算的公式为：决出冠亚军之后，还要在前四名剩余的两人中进行季军争夺赛，也就是需要比只决出冠（亚）军再多进行一场比赛，所以比赛场次是 n 场，即：淘汰出前三（四）名的比赛场次 = 参赛选手数。

例 4

学校排球联赛中，有 4 个班级在同一组进行单循环赛，成绩排在最后的一个班级被淘汰。如果排在最后的几个班的负场数相等，则他们之间再进行附加赛。初一（1）班在单循环赛中至少能胜一场，这个班是否可以确保在附加赛之前不被淘汰？是否一定能出线？为什么？请写出解题步骤，并简单说明。

解答

A、B、C、D 四个班。

列个表，假设 A 的最差情况，胜 1 负 2。

	A	B	C	D
胜	1	x	x	x
负	2	x	x	x

填写这些 x 位置的数字，须遵守以下规则，每横行之和为 6，每竖列之和为 3。

有以下两种情况。

第 1 种

	A	B	C	D
胜	1	3	2	0
负	2	0	1	3

第 2 种

	A	B	C	D
胜	1	2	1	2
负	2	1	2	1

所以能保证附加赛前不被淘汰，但不能保证出线。

（5）页码问题

页码问题是指在印刷某些页码时需要用到多少个数字 1，多少个数字 2，多少个数字 3……

一般地：

001 ~ 099 有 20 个 N（N 表示 1 ~ 9 之间的任意数）

100 ~ 199 有 20 个 N（N 不能等于 1）

200 ~ 299 有 20 个 N（N 不能等于 2）

…………

0000 ~ 0999 有 300 个 N（N 表示 1 ~ 9 之间的任意数）

1000 ~ 1999 有 300 个 N（N 不能等于 1）

2000 ~ 2999 有 300 个 N（N 不能等于 2）

…………

00000 ~ 09999 有 4000 个 N（N 表示 1 ~ 9 之间的任意数）

10000 ~ 19999 有 4000 个 N（N 不能等于 1）

…………

100000 ~ 199999 有 50000 个 N（N 不能等于 1）

900000 ~ 999999 有 50000 个 N（N 不能等于 9）

…………

例 5

从 0 ~ 3000 页码里，一共含有多少个 2？

解答

1 ~ 99 里有 20 个 2，100 ~ 199 有 20 个 2。0 ~ 999 中，除了 200 ~ 299 有 100+20 个 2，每 100 都有 20 个 2，则 0 ~ 999 共有 2：120+9×20=300。同理：3000 ~ 3999 也有 300 个 2。考虑 2000 ~ 2999，因为 0 ~ 999 含有 300 个 2，这 1000 个数里，每个数其实都多加了一个 2，则应该含有 1000+300 个 2。所以共有 1300+300+300=1900 个 2。

解答这类问题通常有两个思路。

思路 1：0 ~ 999 含有 300 个 2，1000 ~ 1999 含有 300 个 2；

2000 ～ 2999 含有 1300 个 2。则共有 1900 个 2。

思路 2：0 ～ 3000 中，百位以下（含百位）含有 3×300= 900 个 2，千位含有 1000 个 2。则共有 1900 个 2。

（6）利润问题

商店出售商品，总是期望获得利润。例如某商品买入价（成本）是 50 元，以 70 元卖出，就获得利润 70 元 −50 元 =20（元）。通常，利润也可以用百分数来说，20 元 ÷50 元 =0.4=40%，我们也可以说获得 40% 的利润。

一般来说，定价和销量呈反比关系。也就是说，定价低了，商品的销量就会有所增加；定价高了，商品可能就没那么好卖。所以有时为了把商品多卖出去，就需要降价，降低利润，甚至亏本。降价有时也会按定价的百分数来算，就是打折扣。降价 25%，就是按定价的（1−25%）=75% 出售，通常我们称之为 75 折。

利润问题的核心公式如下。

利润的百分数 =（卖价 − 成本）÷ 成本 ×100%

卖价 = 成本 ×（1+ 利润的百分数）

成本 = 卖价 ÷（1+ 利润的百分数）

定价 = 成本 ×（1+ 期望利润的百分数）

卖价 = 定价 × 折扣的百分数

例 6

某商品按定价的 80%（八折或 80 折）出售，仍能获得 20% 的利润，则定价时期望的利润百分数是多少?

A：40%　B：60%　C：72%　D：50%

解答

设定价是“1”，卖价是定价的 80%，就是 0.8。因为获得 20% 的利润，则成本为 $\frac{2}{3}$。

定价的期望利润的百分数是$\frac{1}{3} \div \frac{2}{3}$=50%。

所以期望利润的百分数是 50%。

（7）统筹问题

统筹，是一种安排工作进程的数学方法。统筹就是通盘统一筹划的意思，是通过打乱、重组、优化等手段改变原本的固有办事方式，优化办事效率的一种办事方法。简单地说就是如何在最短时间内、用最有限的资源，来做更多的事情。

下面，我们主要来谈谈如何安排时间。

统筹方法关于时间的安排，可以理解为见缝插针。大的事放在空闲比较多的时间段，小事放在空闲比较少的时间段；在完成一件事情的同时，还可以做另外一件事。这样，整个时间都能完全利用起来，从而提高办事效率，不能因为等待而让时间空出来。所以，解决这种问题的关键是把工序安排好。

举个例子，小猫咪咪心情特别好，因为今天是妈妈的生日。咪咪要给每天辛勤工作的妈妈送上一份生日礼物——亲手烹饪一盘鱼。

首先，展示一下煎鱼的步骤及所需时间。

洗鱼：5 分钟→切生姜片：2 分钟→拌生姜、酱油、料酒等调料：2 分钟→把锅烧热：1 分钟→把油烧热：1 分钟→煎鱼：10 分钟

我们来计算一下，5+2+2+1+1+10=21（分钟）。也就是说前后一共需要 21 分钟。

可是问题来了，妈妈下班回家的时间是 5 点 30 分，而咪咪放学回到家的时间是 5 点 10 分，它只有 20 分钟的时间，来不及啊，你能帮他出出主意吗？

为了解决这个问题，我们可以设计以下流程。

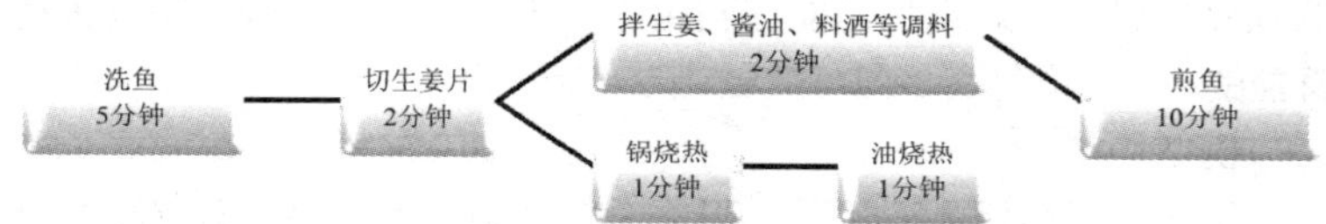

即在等着锅和油烧热的这段时间里，同时拌生姜、酱油、料酒等调料，这样共享时间：5+2+2+10=19 分钟，就可以在妈妈回来的时候给妈妈一个惊喜啦！

为什么时间节省了？

因为我们把不影响前后顺序的、可以同时做的步骤一起做了。

这就是“统筹”，把不影响前后顺序的、可以同时做的步骤一起做，把大的事情放在空闲比较多的时间段，小事情放在空闲比较少的时间段，在完成一件事情的同时，还可以做另外一件事。这样，把整个时间充分地利用起来。

再比如说，生活中，我们都遇到过这种情景，想泡壶茶喝。

现在的情况是：开水没有；水壶要洗，茶壶茶杯要洗。怎么做？

方法一：洗好水壶，灌上凉水，放在火上；在等待水开的时间里，洗茶壶、洗茶杯、拿茶叶；等水开了，泡茶喝。

方法二：先做好一些准备工作，洗水壶，洗茶壶茶杯，拿茶叶；一切就绪，灌水烧水；坐待水开了泡茶喝。

方法三：洗净水壶，灌上凉水，放在火上，坐待水开；水开了之后，急急忙忙找茶叶，洗茶壶茶杯，泡茶喝。

我们能一眼看出第一种方法好，最省时间。

这些实例都很简单，但生活中我们遇到的事情往往都比较复杂，如何才能安排好自己的时间呢？这就是一个人逻辑性的问题。我们常听人说：你这个人办事没有逻辑性。说的就是不会合理安排做事的顺序和时间。如果我们能够利用这种方法来考虑问题，将是大有裨益的。

例 7

某服装厂有甲、乙、丙、丁 4 个生产组，甲组每天能缝制 8 件上衣或 10 条裤子；乙组每天能缝制 9 件上衣或 12 条裤子；丙组每天能缝制 7 件上衣或 11 条裤子；丁组每天能缝制 6 件上衣或 7 条裤子。现在上衣和裤子要配套缝制（每套为一件上衣和一条裤子），则 7 天内这 4 个组最多可以缝制多少套衣服？

解答

我们根据题意可得出如下表的信息。

	每天生产上衣	每天生产裤子	上衣：裤子
甲	8	10	0.8
乙	9	12	0.75
丙	7	11	0.636
丁	6	7	0.857
综合情况	30	40	0.75

由上表我们发现，只有乙组的上衣和裤子比例与整体的上衣和裤子比例最接近，这说明其他组都有偏科情况。若用其他组去生产其不擅长的品种，则会造成生产能力的浪费。为了达到最大的生产能力，应该让各组去生产自己最擅长的品种，然后让乙组去弥补由此而造成的偏差。因为乙组无论是生产衣服还是裤子，对整体来讲，效果相同。

上面甲、乙、丙、丁 4 组数据中，上衣与裤子的比值中甲和丁最大，为了缩小总的上衣与裤子的差值，又能生产出最多的裤子，甲和丁 7 天全部要生产上衣，丙中上衣和裤子的比值最小，所以让丙 7 天都做裤子，以达到裤子量的最大化，这样 7 天后，甲、丙、丁共完成上衣 98 件，裤子 77 件。

下面乙组如何分配就成了本题关键。由上面分析可知，7 天后，甲、丙、丁生产的上衣比裤子多 21 条，所以乙要多生产 21 条裤子，并使总和最大化。

可设乙用 x 天生产上衣，则

$9x+21=12(7-x)$

解得: $x=3$

即乙用 3 天生产上衣 27 件，用 4 天生产裤子 48 件。于是最多生产 125 套。

所以答案应该是 125 套服装。

这种统筹问题总的思路是：先计算整体的平均比值，选出与平均比值最接近的组项放在一边，留作最后的弥补或者追平工具，然后将高于平均值的组项赋予高能力方向并发挥到极限，将低于平均值的组项赋予低能力方向并发挥到极限，得出总和，然后用先前挑出的组项去追平或者弥补，就可以得到极限答案。

之所以这样安排，是因为最接近中值的组项去除后对平均值的影响最小，这意味着它的去除不影响整体平均能力，但是用它去追平其余各组的能力差异时，最容易达到平衡。

（8）集合问题

集合是指具有某种特定性质的具体的或抽象的对象汇总成的集体，这些对象称为该集合的元素。

①集合的性质。

确定性：给定一个集合，任给一个元素，该元素或者属于或者不属于该集合，二者必居其一，不允许有模棱两可的情况出现。

互异性：一个集合中，任何两个元素都认为是不相同的，即每个元素只能出现一次。有时需要对同一元素出现多次的情形进行刻画，可以使用多重集，其中的元素允许出现多次。

无序性：一个集合中，每个元素的地位都是相同的，元素之间是无序的。

②集合的运算。

交换律：$A\cap B=B\cap A$；$A\cup B=B\cup A$

结合律：$A\cup(B\cup C)=(A\cup B)\cup C$；$A\cap(B\cap C)=(A\cap B)\cap C$

分配对偶律：$A\cap(B\cup C)=(A\cap B)\cup(A\cap C)$；$A\cup(B\cap C)=(A\cup B)\cap(A\cup C)$

对偶律：$(A\cup B)^C=A^C\cap B^C$；$(A\cap B)^C=A^C\cup B^C$

同一律：$A\cup\varnothing=A$；$A\cap U=A$

求补律：$A\cup A'=U$；$A\cap A'=\varnothing$

对合律：$A''=A$

等幂律：$A\cup A=A$；$A\cap A=A$

零一律：$A\cup U=U$；$A\cap\varnothing=\varnothing$

吸收律：$A\cup(A\cap B)=A$；$A\cap(A\cup B)=A$

反演律：$(A\cup B)'=A'\cap B'$；$(A\cap B)'=A'\cup B'$

③容斥原理。

在计数时，必须注意无一重复，无一遗漏。为了使重叠部分不被重复计算，人们研究出一种新的计数方法，这种方法的基本思想是：先不考虑重叠的情况，把包含于某内容中的所有对象的数目先计算出来，然后再把计数时重复计算的数目减掉，使得计算的结果既无遗漏又无重复，这种计数的方法称为容斥原理。

容斥原理问题的核心公式

两个集合的容斥关系公式：$A+B=A\cup B+A\cap B$

即：满足条件一的个数 + 满足条件二的个数 − 两者都满足的个数 = 总个数 − 两者都不满足的个数。其中，满足条件一的个数是指：只满足条件一不满足条件二的个数 + 两条件都满足的个数。

三个集合的容斥关系公式：$A+B+C=A\cup B\cup C+A\cap B+B\cap C+C\cap A-A\cap B\cap C$

例 8

某大学某班学生总数为 32 人，在第一次考试中有 26 人及格，在第二次考试中有 24 人及格，若两次考试中，都没有及格的有 4 人，那么两次考试都及格的人数是（　　）。

解答

设 A= 第一次考试中及格的人（26 人），B= 第二次考试中及格的人（24 人）。

显然，$A+B=26+24=50$ 人；$A\cup B=32-4=28$ 人。

则根据公式 $A\cap B=A+B-A\cup B=50-28=22$ 人。

所以，两次考试都及格的人数是 22 人。

第六章

速算与巧算

计算在我们的日常学习、生活和工作中都有着极为广泛的应用。从我们进入学校开始，计算便贯穿于数学教学的全过程。计算能力是每个人都要具备的基本能力，也是学好数学和其他学科的基础和关键。

所谓计算能力，就是指数学上的化归和转化的能力，即把抽象的、复杂的数学表达式或数字通过数学方法转换为我们可以理解的数学式子，并得出结果的能力。这就要求我们不仅能够正确地进行整数、小数、分数等的四则运算，还要对其中一些基本的计算达到一定的熟练程度，并掌握一些基本的方法和技巧，逐步做到计算方法合理、准确、快速、灵活。

所以，我们不能“死”做题，要注意总结归纳。发现各种题目的特点、差别，相应地运用不同的方法和技巧进行速算和巧算。

速算与巧算是利用数与数之间的特殊关系进行较快的加减乘除运算。它可以不借助任何计算工具，而是运用一种思维、一种方法，快速准确地计算加、减、乘、除、乘方等运算。

一些速算与巧算的方法可以比我们一般的计算方法快 10 ~ 15 倍，学会了这些我们就能够在几秒钟内口算或心算出三、四位数的复杂运算。而且这些方法简单直接，即使是没有数学基础的人也能很快掌握它。而且它还非常有趣，运算过程就像游戏一样令人着迷。

比如，计算 25×25，用我们一般的算法，无非是列出竖式逐位相乘，然后相加。但是如果用一些速算技巧来计算就非常简单了，只需看这个数的十位数字，是 2，那么用 2 乘以比它大 1 的数字 3，得到 6，在它的后面加上 25，即 625 就是 25×25 的结果了。怎么样，是不是很神奇呢？这种方法对个位是 5 的相同两位数相乘都是适用的，大家不妨验算一下。

速算和巧算不仅可以提高我们对数学学习的兴趣，还大大提升了计算的速度和准确性，而且还可以训练我们的逻辑思维能力，使我们在今后的工作和生活中更加出类拔萃！

208. 加法速算法

（1）在格子里做加法

方法

①根据要求的数字的位数画出（n+2）×（n+2）的方格，n 为两个加数中较大的数的位数。

②在第一行第一列的位置写上“+”，然后在下面的格子里竖着写出第一个加数（每个格子写一个数字，且要保证两个加数的位数一致，如果不足，将少的前面用 0 补足）。

③第二列空着，留给结果进位使用。

④从第一行第三列的位置开始横着写出第二个加数（每个格子写一个数字）。

⑤分别将两个加数的各位数字相加，百位加百位，十位加十位，个位加个位。然后把结果写在它们交叉的位置上（超过 10 则进位写在前面一格中）。

⑥将所有结果竖着相加，写在对应的最后一行上，即为结果（注意进位）。

例 1

计算 3721+1428=________

如图所示，将 1428 写在第一列加号的下面，3721 写在第一行第三、四、五、六列。然后对应位置的数字相加：1+3=4，4+7=11，2+2=4，1+8=9 分别写在对应的位置上。最后将四个数字竖向相加，得到 5149。

+		3	7	2	1
1	→	4	↓	↓	↓
4	→	1	1		
2	→	→	→	4	
8	→	→	→	→	9
答		5	1	4	9

所以 3721+1428=5149。

注意

①前面空一位是为进位考虑，在最高位相加大于 10 时向前进位。

②两个加数的位数要一致，如果不足，将少的用 0 补足。

（2）巧用补数做加法

补数是一个数为了成为某个标准数而需要加的数。一般来说，一个数的补数有 2 个，一个是与其相加得该位上最大数（9）的数，另一个是与其相加能进到下一位的数。

下面，我们来看一下如何用补数来计算加法。

方法

①在两个加数中选择一个数，写成整十数或者整百数减去一个补数的形式。

②将整十数或者整百数与另一个加数相加。

③减去补数即可。

例 2

计算 498+214=________

498 的补数为 2，则

$$
\begin{aligned}
498+214&=(500-2)+214\\
&=500+214-2\\
&=714-2\\
&=712
\end{aligned}
$$

所以 498+214=712。

注意

①这种方法适用于其中一个加数加上一个比较小的容易计算的补数后可以变为整十数或者整百数的题目。

②做加法一般用的是与其相加能进到下一位的补数，而另外一种补数，也就是与其相加能够得到该位上最大数的补数以后我们会学习到。

（3）用凑整法做加法

方法

①在两个数中选择一个数，加上或减去一个补数，使它变成一个末尾是 0 的数。

②同时在另一个数中，相应减去或加上这个补数。

例 3

计算 308+194=________

308 的补数为 −8，则

308+194=（308−8）+（194+8）
=300+202
=502

所以 308+194=502。

注意

两个加数要一边加，一边减，才能保证结果不变。

（4）计算连续自然数的和

首先我们来计算从 1 开始的连续自然数的和。

方法

将最后一个数与比它大 1 的数相乘，然后除以 2，即可。

例 4

计算 1+2+3+4+…+99+100=________

100×（100+1）/2=5050

所以 1+2+3+4+…+99+100=5050。

现在我们来计算任意连续自然数的和。

方法

①用上面的方法，计算从 1 到最后一个数的和。

②计算从 1 到第一个数的前面一个数的和。

③上面两个结果相减，即可。

例 5

计算 51+52+53+…+100=________

100×（100+1）/2=5050

50×（50+1）/2=1275

所以 51+52+53+…+100=5050−1275=3775。

注意

我们发现了以下有意思的规律：

1+2+3+…+10=55

11+12+13+…+20=155

21+22+23+…+30=255

31+32+33+…+40=355

41+42+43+…+50=455

51+52+53+…+60=555

…………

209. 减法速算法

（1）巧用补数做减法

前面我们提过：补数是一个数为了成为某个标准数而需要加的数。一般来说，一个数的补数有 2 个，一个是与其相加得该位上最大数（9）的数，另一个是与其相加能进到下一位的数（和为 10）。

在这里，我们就会用到两种补数了。

方法

我们只需分别计算出个位上的数字相对于 10 的补数，和其他位上相对于 9 的补数，写在相应的数字下即可。

例 1

计算 1000−586=_______

5 8 6

4 1 4

所以 1000−586=414。

（2）用凑整法算减法

方法

将被减数和减数同时加上或者同时减去一个数，使得减数成为一个整数从而方便计算。

例 2

计算 85−21=_______

首先将被减数和减数同时减去 1，
即被减数变为 85−1=84，
减数变为 21−1=20，
然后用 84−20=64。
所以 85−21=64。

（3）从左往右算减法

我们做减法的时候，也跟加法一样，一般都是从右往左计算，这样方便借位。而在印度，他们都是从左往右算的。

方法

①我们以减数为三位数为例。先用被减数减去减数的整百数。
②用上一步的结果减去减数的整十数。
③用上一步的结果减去减数的个位数，即可。

例 3

计算 458−214=________

458−200=258
258−10=248
248−4=244

所以 458−214=244。

注意

这种方法其实就是把减数分解成容易计算的数进行计算。

210. 乘法速算法

（1）用节点法做乘法

方法

①将乘数画成向左倾斜的直线，各个数位分别画。
②将被乘数画成向右倾斜的直线，各个数位分别画。
③两组直线相交有若干的交点，数出每一列交点的个数和。

④按顺序写出这些和，即为结果（注意进位）。

例 1

计算 112×231=________

解法如图所示。

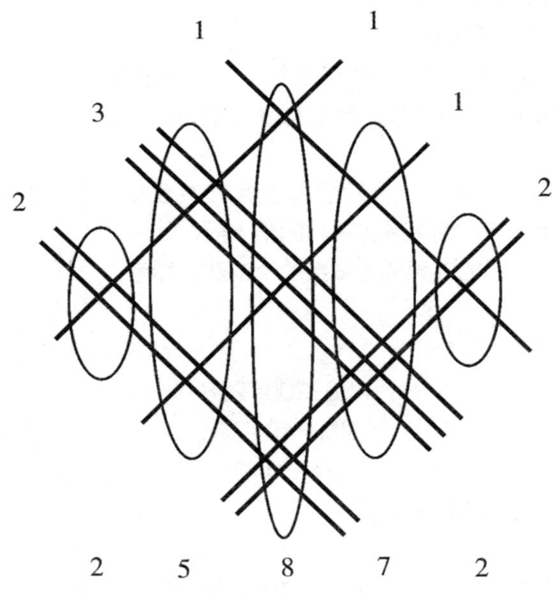

所以 112×231=25872。

（2）在网格法算乘法

方法

①以两位数乘法为例，把被乘数和乘数分别拆分成整十数和个位数，写在网格的上方和左方。

②对应的数相乘，将乘积写在格子里。

③将所有格子填满之后，计算它们的和，即为结果。

例 2

计算 12 × 13=________

×	10	2
10	10×10=100	2×10=20
3	10×3=30	2×3=6

再把格子里的四个数字相加：100+20+30+6=156。

所以 12 × 13=156。

注意

此方法适用于多位数乘法。

（3）在三角格子里做乘法

方法

①把被乘数和乘数分别写在格子的上方和右方。

②对应的数位相乘，将乘积写在三角格子里，上面写十位数字，下面写个位数字。没有十位的用“0”补足。

③斜线延伸处为几个三角格子里的数字的和，这些数字即为乘积中某一位上的数字。

④注意进位。

例 3

计算 54 × 25=________

如图所示，将 54 和 25 写在格子的上方和右方。然后分别计算 4 × 2=08，将 0 和 8 分别写在对应位置的三角格子里。同理，计算 5 × 2=10，将 1 和 0 写在对应位置的三角格子里。再计算 4 × 5 和 5 × 5。填满以后，在斜线的延伸处计算相应位置数字的和。即千位上的数字为 1，百位的数字为 2+0+0=2，十位上的数字为 5+2+8=15（需要进位），个位上的数字为 0。所以结果为 1350。

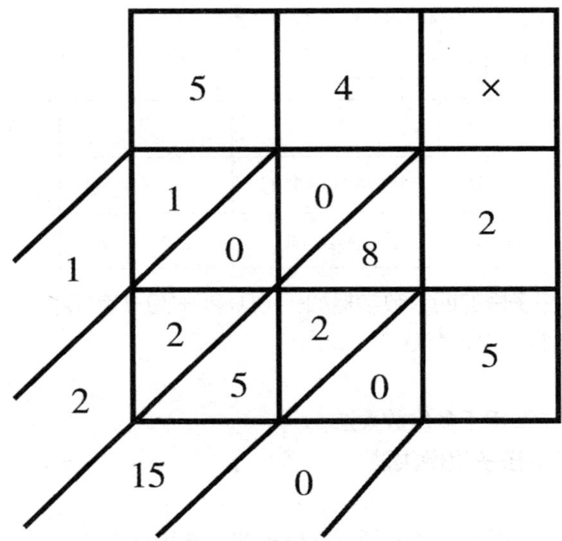

所以 54×25=1350。

注意

此方法适用于多位数乘法哦。

（4）用四边形做两位数乘法

方法

①把被乘数和乘数十位上数字的整十数相乘。

②交叉相乘，即把被乘数的整十数和乘数个位上的数字相乘，再把乘数整十数和被乘数个位上的数字相乘，将两个结果相加。

③把被乘数和乘数个位上数字相乘。

④把前三步所得结果加起来，即为结果。

推导

我们以 47×32=______ 为例，可以画出下图所示图例。

	40	7
30	a	b
2	c	d

可以看出，上图面积可以分为 a、b、c、d 四个部分，其中 a 部分为被乘数和乘数十位上数字的整十数相乘。b 部分为被乘数个位和乘数整十数相乘，c 部分为乘数个位和被乘数整十数相乘。d 部分为被乘数和乘数个位上数字相乘。a、b、c、d 四个部分的和即为总面积。

例 4

计算 39×48=________

$$30\times40=1200$$
$$30\times8+40\times9=240+360=600$$
$$9\times8=72$$
$$1200+600+72=1872$$

所以 39×48=1872。

（5）用交叉计算法做两位数乘法

方法

①用被乘数和乘数的个位上的数字相乘，所得结果的个位数写在答案的最后一位，十位数作为进位保留。

②交叉相乘，将被乘数个位上的数字与乘数十位上的数字相乘，被乘数十位上的数字与乘数个位上的数字相乘，求和后加上上一步中的进

位，把结果的个位写在答案的十位数字上，十位上的数字作为进位保留。

③用被乘数和乘数的十位上的数字相乘，加上进位，写在前两步所得的结果前面，即可。

推导

我们假设两个数字分别为 ab 和 xy，用竖式进行计算，得到：

$$\begin{array}{cccc} & a & & b \\ & x & & y \\ \hline & ay & & by \\ ax & bx & & \\ \hline ax\ / & (ay+bx) & / & by \end{array}$$

我们可以把这个结果当成一个二位数相乘的公式，这种方法将在你以后的学习中经常用到。

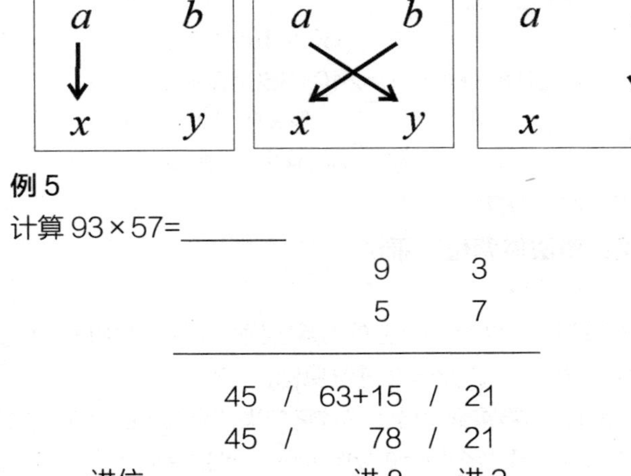

例 5

计算 93×57=________

$$\begin{array}{ccccc} & & 9 & & 3 \\ & & 5 & & 7 \\ \hline 45 & / & 63+15 & / & 21 \\ 45 & / & 78 & / & 21 \end{array}$$

进位：　　进 8　　进 2

结果为：5301。

所以 $93\times57=5301$。

211. 乘方速算法

（1）心算 11 ~ 19 的平方

方法

①以 10 为基准数，计算出要求的数与基准数的差。

②利用公式 $1a^2=1a+a/a^2$（斜线作区分之用）求出平方（用 $1a$ 来表示十位为 1，个位为 a 的数字）。

③斜线只作区分之用，后面只能有 1 位数字，超出部分进位到斜线前面。

例 1

计算 $14^2=$________

$$14^2=14+4/4^2$$
$$=18/16$$
$$=196（进位）$$

（2）尾数为 5 的两位数的平方

方法

①两个乘数的个位上的 5 相乘得到 25。

②十位相乘时应按 $n\times(n+1)$ 的方法进行，得到的积直接写在 25 的前面。

如 $a5\times a5$，则先得到 25，然后计算 $a\times(a+1)$ 放在 25 前面即可。

例 2

计算 $35\times35=$________

$$3\times(3+1)=12$$

所以 $35\times35=1225$。

（3）尾数为 6 的两位数的平方

我们前面学过尾数为 5 的两位数的平方计算方法。

①两个乘数的个位上的 5 相乘得到 25。

②十位相乘时应按 $n\times(n+1)$ 的方法进行，得到的积直接写在 25 的前面。

如 $a5\times a5$，则先得到 25，然后计算 $a\times(a+1)$ 放在 25 前面即可。

现在我们来学习尾数为 6 的两位数的平方算法。

方法

①先算出这个数减 1 的平方数。

②算出这个数与比这个数小 1 的数的和。

③前两步的结果相加，即可。

例 3

计算 76^2=________

$$75^2=5625$$

$$76+75=151$$

$$5625+151=5776$$

所以 $76^2=5776$。

（4）尾数为 7 的两位数的平方

方法

①先算出这个数减 2 的平方数。

②算出这个数与比这个数小 2 的数的和的 2 倍。

③前两步的结果相加，即可。

例 4

计算 27^2=________

$$25^2=625$$

$$(27+25)\times 2=104$$

$$625+104=729$$

所以 $27^2=729$。

举一反三

相邻两个自然数的平方之差是多少?

学过平方差公式的同学们应该很容易就可以回答出这个问题。

$$b^2-a^2=(b+a)(b-a)$$

所以差为 1 的两个自然数的平方差为:

$$(a+1)^2-a^2=(a+1)+a$$

差为 2 的两个自然数的平方差为:

$$(a+2)^2-a^2=[(a+2)+a]\times 2$$

同理差为 3 的也可以计算出来。

(5)尾数为 8 的两位数的平方

方法

①先凑整算出这个数加 2 的平方数。

②算出这个数与比这个数大 2 的数的和的 2 倍。

③前两步的结果相减,即可。

例 5

计算 $78^2=$________

$$80^2=6400$$

$$(78+80)\times 2=316$$

$$6400-316=6084$$

所以 $78^2=6084$。

举一反三

尾数为 1、2、3、4 的两位数的平方数与上面这种方法相似,只需找到相应的尾数为 5 或者尾数为 0 的整数即可。

另外不止两位数适用本方法,其他的多位数平方同样适用。

（6）尾数为 9 的两位数的平方

方法

①先凑整算出这个数加 1 的平方数。

②算出这个数与比这个数大 1 的数的和。

③前两步的结果相减，即可。

例 6

计算 59^2=________

$$60^2=3600$$

$$59+60=119$$

$$3600-119=3481$$

所以 $59^2=3481$。

（7）尾数为 1 的两位数的平方

方法

①底数的十位乘以十位（即十位的平方），得数为前积（千位和百位）。

②底数的十位加十位（即十位乘以 2），得数为后积（十位和个位）。满十进一。

③最后加 1。

例 7

计算 91^2=________

$$90\times90=8100$$

$$90\times2=180$$

所以 $91^2=8100+180+1=8281$。

或者：熟悉之后，可以省掉后面的 0 进行速算。

$$9\times9=81$$

$$9\times2=18$$

所以 $91^2=8281$。

212. 除法速算法

（1）如果除数以 5 结尾

方法

将被除数和除数同时乘以一个数，使得除数变成容易计算的数字。

例 1

计算 1324÷25=________

将被除数和除数同时乘以 4，得到 5296÷100，结果是 52.96。

所以 1324÷25=52.96

注意

这种被除数和除数同时乘以一个数后进行简单计算的情况，不适用于商和余数的形式。

（2）一个数除以 9 的神奇规律

在这里的除法我们不计算成小数的形式，如果除不尽，我们会表示为商是几余几的形式。

两位数除以 9

方法

①商是被除数的第一位。

②余数是被除数个位和十位上数字的和。

例 2

计算 24÷9=________

商是 2，余数是 2+4=6。

所以 24÷9=4 余 6。

当然这种算法有特殊情况，如下。

计算 28÷9=________

商是 2，余数是 2+8=10。

我们发现个位和十位相加大于除数 9，这时则需要调整一下进位，变成商是 3，余数是 1。

所以 28÷9=3 余 1。

三位数除以 9

方法

①商的十位是被除数的第一位。

②商的个位是被除数第一位和第二位的和。

③余数是被除数个位、十位和百位上数字的总和。

④注意当商中某一位大于等于 10 或当余数大于等于 9 的时候进位调整。

例 3

计算 284÷9=________

商的十位是 2，个位是 2+8=10，所以商是 30，余数是 2+8+4=14，进位调整商是 31，余数是 5。

所以 284÷9=31 余 5。

四位数除以 9

方法

①商的百位是被除数的第一位。

②商的十位是被除数第一位和第二位的和。

③商的个位是被除数前三位的数字和。

④余数是被除数各位上数字的总和。

⑤注意当商中某一位大于等于 10 或当余数大于等于 9 的时候进位调整。

例 4

计算 2114÷9=________

商的百位是 2，十位是 2+1=3，个位是 2+1+1=4，所以商是 234，余数是 2+1+1+4=8。

所以 2114÷9=234 余 8。

213. 其他速算法

（1）完全平方数的平方根

所谓完全平方数，就是指这个数是某个整数的平方。也就是说一个数如果是另一个整数的平方，那么我们就称这个数为完全平方数，也叫作平方数，如下表。

$1^2=1$	$2^2=4$	$3^2=9$
$4^2=16$	$5^2=25$	$6^2=36$
$7^2=49$	$8^2=64$	$9^2=81$
$10^2=100$	……	

观察这些完全平方数，可以获得对它们的个位数、十位数、数字和等的规律性的认识。下面我们来研究完全平方数的一些常用性质。

性质 1　完全平方数的尾数只能是 1、4、5、6、9 或者 00。

换句话说，一个数字如果以 2、3、7、8 或者单个 0 结尾，那这个数一定不是完全平方数。

性质 2　奇数的平方的个位数字为奇数，偶数的平方的个位数一定是偶数。

证明：

奇数必为下列五种形式之一：

$10a+1$，$10a+3$，$10a+5$，$10a+7$，$10a+9$

分别平方后，得：

$(10a+1)^2=100a^2+20a+1=20a(5a+1)+1$

$(10a+3)^2=100a^2+60a+9=20a(5a+3)+9$

$(10a+5)^2=100a^2+100a+25=20(5a^2+5a+1)+5$

$(10a+7)^2=100a^2+140a+49=20(5a^2+7a+2)+9$

$(10a+9)^2=100a^2+180a+81=20(5a^2+9a+4)+1$

综上各种情形可知：奇数的平方的个位数字为奇数1、5、9；十位数字为偶数。

同理可证明偶数的平方的个位数一定是偶数。

性质3　如果完全平方数的十位数字是奇数，则它的个位数字一定是6；反之，如果完全平方数的个位数字是6，则它的十位数字一定是奇数。

推论1：如果一个数的十位数字是奇数，而个位数字不是6，那么这个数一定不是完全平方数。

推论2：如果一个完全平方数的个位数字不是6，则它的十位数字是偶数。

性质4　偶数的平方是4的倍数；奇数的平方是4的倍数加1。

这是因为 $(2k+1)^2=4k(k+1)+1$；$(2k)^2=4k^2$。

性质5　奇数的平方是 $8n+1$ 型；偶数的平方为 $8n$ 或 $8n+4$ 型。

在性质4的证明中，由 $2k+1$ 一定为偶数可得到 $(2k+1)^2$ 是 $8n+1$ 型的数；由 $2k$ 为偶数可得 $(2k)^2$ 为 $8n$ 型或 $8n+4$ 型的数。

性质6　平方数的形式必为下列两种之一：$3k$，$3k+1$。

因为自然数被3除按余数的不同可以分为三类：$3m$，$3m+1$，$3m+2$。平方后，分别得：

$(3m)^2=9m^2=3k$

$(3m+1)^2=9m^2+6m+1=3k+1$

$(3m+2)^2=9m^2+12m+4=3k+1$

性质7　不是5的因数或倍数的数的平方为 $5k+1$ 或 $5k-1$ 型，是5的因数或倍数的数的平方为 $5k$ 型。

性质 8　平方数的形式具有下列几种之一：$16m$，$16m+1$，$16m+4$，$16m+9$。

记住完全平方数的这些性质有利于我们判断一个数是不是完全平方数。为此，我们要记住以下结论。

①个位数是 2、3、7、8 的整数一定不是完全平方数。

②个位数和十位数都是奇数的整数一定不是完全平方数。

③个位数是 6，十位数是偶数的整数一定不是完全平方数。

④形如 $3n+2$ 型的整数一定不是完全平方数。

⑤形如 $4n+2$ 和 $4n+3$ 型的整数一定不是完全平方数。

⑥形如 $5n\pm2$ 型的整数一定不是完全平方数。

⑦形如 $8n+2$、$8n+3$、$8n+5$、$8n+6$、$8n+7$ 型的整数一定不是完全平方数。

除此之外，要找出一个完全平方数的平方根，还要弄清以下两个问题。

①如果一个完全平方数的位数为 n，那么，它的平方根的位数为 $n/2$ 或（$n+1$）$/2$。

②记住对应的数。只有了解这些对应的数，才能找到平方根。

数字	对应的数
a	a^2
ab	$2ab$
abc	$2ac+b^2$
$abcd$	$2ad+abc$
$abcde$	$2ae+2bd+c^2$
$abcdef$	$2af+2be+2cd$

方法

①先根据被开方数的位数计算出结果的位数。

②将被开方数的各位数字分成若干组（如果位数为奇数，则每个数字各成一组；如位数为偶数，则前两位为一组，其余数字各成一组）。

③看第一组数字最接近哪个数的平方，找出答案的第一位数（答案第一位数的平方一定要不大于第一组数字）。

④将第一组数字减去答案的第一位数字的平方所得的差，与第二组数字组成的数字作为被除数，答案的第一位数字的 2 倍作为除数，所得的商为答案的第二位数字，余数则与下一组数字作为下一步计算之用。（如果被开方数的位数不超过 4 位，到这一步即可结束。）

⑤将上一步所得的数字减去答案第二位数字的对应数（如果结果为负数，则将上一步中得到的商的第二位数字减一重新计算），所得的差作为被除数，依然以答案的第一位数字的 2 倍作为除数，商即为答案的第三位数字。（如果被开方数为 5 位或 6 位，则会用到此步。7 位以上过于复杂的被开方数我们暂且忽略。）

例 1

计算 2116 的平方根。

因为被开方数为 4 位，根据前面的公式，平方根的位数应该为 4÷2=2 位。

因为位数为 4，偶数，所以前两位分为一组，其余数字各成一组。

分组得：21　1　6

找出答案的第一位数字：$4^2=16$ 最接近 21，所以答案的第一位数字为 4。

将 4 写在与 21 对应的下面，$21-4^2=5$，写在 21 的右下方，与第二组数字 1 构成被除数 51。4×2=8 为除数写在最左侧，得到下图。

	21		1		6
8		5			
	4				

51÷8=6 余 3，把 6 写在第二组数字 1 下面对应的位置，作为第二位的数字。余数 3 写在第二组数字 1 的右下方。而 $36-6^2=0$，这样就得到了答案，即 2116 的平方根为 46。

	21		1		6
8		5		3	
	4		6		

（2）完全立方数的立方根

相对来说，完全立方数的立方根要比完全平方数的平方根计算起来简单得多。但是，我们首先还是要了解一下计算立方根的背景资料。

$1^3=1$	$2^3=8$	$3^3=27$
$4^3=64$	$5^3=125$	$6^3=216$
$7^3=343$	$8^3=512$	$9^3=729$
$10^3=1000$	……	

观察这些完全立方数，你会发现一个很有意思的特点：1 ~ 9 的立方的末位数也是 1 ~ 9，不多也不少。而且 2 的立方的尾数为 8，而 8 的立方的尾数为 2；3 的立方的尾数的 7，而 7 的立方尾数为 3；1、4、5、6、9 的立方的尾数依然是 1、4、5、6、9；10 的立方尾

数有 3 个 0。记住这些规律对我们求解一个完全立方数的立方根是有好处的。

方法

①将立方数排列成一横排，从最右边开始，每三位数加一个逗号。这样一个完全立方数就被逗号分成了若干个组。

②看最右边一组的尾数是多少，从而确定立方根的最后一位数。

③看最左边一组，看它最接近哪个数的立方（这个数的立方不能大于这组数），从而确定立方根的第一位数。

④这个方法适用于求位数不多的完全立方数的立方根。

例 2

求 9261 的立方根。

9，261

2　　1

先看后三位数，尾数为 1，所以立方根的尾数也为 1。再看逗号前面为 9，而 2^3=8，所以立方根的第一位是 2。所以 9161 的立方根为 21。

（3）将纯循环小数转换成分数

方法

①设 a 等于这个循环小数。

②看循环小数是几位循环，如果是多位循环，就乘以相应的整数。即 1 位循环乘以 10，2 位循环乘以 100，3 位循环乘以 1000……以此类推。

③将上一步所得的结果与第一步的算式相减。

④能约分的进行约分。

例 3

将纯循环小数 0.272727…转换成分数

设 a=0.272727…

两边同时乘以 100，得到 $100a=27.272727\cdots$

相减得到 $99a=27$

$$a=\frac{27}{99}$$

$$=\frac{3}{11}$$

所以 0.272727…转换成分数为$\frac{3}{11}$。

（4）一些特殊的分数转换成小数

这些分数很特殊，也很常用，所以建议大家把它们记住。

①分母为 2 的分数转换成小数。

$\frac{1}{2}=0.5$

②分母为 3 的分数转换成小数。

$\frac{1}{3}=0.333\cdots$，$\frac{2}{3}=0.666\cdots$

③分母为 4 的分数转换成小数。

$\frac{1}{4}=0.25$，$\frac{2}{4}=\frac{1}{2}=0.5$，$\frac{3}{4}=0.75$

④分母为 5 的分数转换成小数。

$\frac{1}{5}=0.2$，$\frac{2}{5}=0.4$，$\frac{3}{5}=0.6$，$\frac{4}{5}=0.8$

⑤分母为 6 的分数转换成小数。

$\frac{1}{6}=0.1666\cdots$，$\frac{2}{6}=\frac{1}{3}=0.333\cdots$，$\frac{3}{6}=\frac{1}{2}=0.5$，$\frac{4}{6}=\frac{2}{3}=0.666\cdots$，$\frac{5}{6}=0.8333\cdots$

⑥分母为 8 的分数转换成小数。

$\frac{1}{8}$=0.125，$\frac{2}{8}$=$\frac{1}{4}$=0.25，$\frac{3}{8}$=0.375，$\frac{4}{8}$=$\frac{1}{2}$=0.5，$\frac{5}{8}$=0.625，$\frac{6}{8}$=$\frac{3}{4}$=0.75，$\frac{7}{8}$=0.875

⑦分母为 9 的分数转换成小数。

$\frac{1}{9}$=0.111…，$\frac{2}{9}$=0.222…，$\frac{3}{9}$=0.333…，$\frac{4}{9}$=0.444…，$\frac{5}{9}$=0.555…，$\frac{6}{9}$=0.666…，$\frac{7}{9}$=0.777…，$\frac{8}{9}$=0.888…

⑧分母为 10 的分数转换成小数。

$\frac{1}{10}$=0.1，$\frac{2}{10}$=0.2，$\frac{3}{10}$=0.3，$\frac{4}{10}$=0.4，$\frac{5}{10}$=0.5，$\frac{6}{10}$=0.6，$\frac{7}{10}$=0.7，$\frac{8}{10}$=0.8，$\frac{9}{10}$=0.9

⑨分母为 11 的分数转换成小数。

$\frac{1}{11}$=0.0909…，$\frac{2}{11}$=0.1818…，$\frac{3}{11}$=0.2727…，$\frac{4}{11}$=0.3636…，$\frac{5}{11}$=0.4545…，$\frac{6}{11}$=0.5454…，$\frac{7}{11}$=0.6363…，$\frac{8}{11}$=0.7272…，$\frac{9}{11}$=0.8181…，$\frac{10}{11}$=0.9090…

⑩分母为 7 的分数转换成小数。

这个比较特殊，$\frac{1}{7}$=1.142857…，142857 循环，记住这一个即可，其他的可以用$\frac{1}{7}$的小数乘以相应的数得到。

记住这些有什么好处呢？它会方便我们计算一些除法，让我们快速得到答案。

例如：

计算 17 ÷ 8=________

17 ÷ 8=2 余 1

因为 1 ÷ 8=0.125

所以 17 ÷ 8=2.125

同理，任何整数除以 8，如果不能被整除，有余数：

若有余数是 1，小数点后边肯定是 0.125；

若有余数是 2，小数点后边肯定是 0.25；

若有余数是 3，小数点后边肯定是 0.375；

若有余数是 4，小数点后边肯定是 0.5；

若有余数是 5，小数点后边肯定是 0.625；

若有余数是 6，小数点后边肯定是 0.75；

若有余数是 7，小数点后边肯定是 0.875。

举一反三

如果除数是 11，我们先看看下列的算式：

1 ÷ 11=0.0909…

2 ÷ 11=0.1818…

3 ÷ 11=0.2727…

…………

由以上算式的规律不难看出，任何数除以 11 如果除不尽，有余数，商的小数部分就是这个余数 ×0.09…

例如：

计算 47 ÷ 11=________

先把被除数 47 分解成能被 11 整除的部分 44 和余数 3，得到商 4 余 3，然后用余数 3 乘以 0.09…，积与商 4 相加，便是结果。

所以 $47\div11$

$=(44+3)\div11$

$=4+0.\dot{2}\dot{7}$

$=4.\dot{2}\dot{7}$

如果除数是 99，同理，我们来看看下列的算式

$1\div99=0.0101\cdots$

$2\div99=0.0202\cdots$

$3\div99=0.0303\cdots$

…………

由以上算式的规律不难看出，任何数除以 99 如果除不尽，有余数，商的小数部分就是这个余数乘以 0.0101…

例如：

计算 $135\div99=$________

先把被除数 $135\div99$ 的商和余数分别算出来，商是 1，余数 36，然后把 $36\times0.01\cdots$与商的整数相加，便是结果。

所以 $135\div99$

$=1+0.\dot{3}\dot{6}$

$=1.\dot{3}\dot{6}$

（5）二元一次方程的解法

我们都学习过二元一次方程组，我们一般的解法是消去某个未知数，然后代入求解。例如下面的问题：

$$\begin{cases}2x+y=5 & ①\\ x+2y=4 & ②\end{cases}$$

我们一般的解法是把①式写成 $y=5-2x$ 的形式，代入到②式中，消去 y，解出 x，然后代入解出 y。或者将①式等号两边同时乘以 2，变成 $4x+2y=10$，与②式相减，消去 y，解出 x，然后代入解出 y。

这种方法在 x、y 的系数比较小的时候用起来比较方便，一旦系数变大，计算起来就复杂很多了。下面我们介绍一种更简单的方法。

方法

①将方程组写成$\begin{cases}ax+by=c\\dx+ey=f\end{cases}$的形式。

②将两个式子中 x、y 的系数交叉相乘，并相减，所得的数作为分母。

③将两个式子中的常数与 x 的系数交叉相乘，并相减，所得的数作为 y 的分子。

④将两个式子中的常数和 y 的系数交叉相乘，并相减，所得的数作为 x 的分子。

⑤即 $x=(ce-fb)/(ae-db)$; $y=(af-dc)/(ae-db)$。

例 4

$$\begin{cases}3x+y=10\\x+2y=10\end{cases}$$

首先计算出 x、y 的系数交叉相乘的差，即 $3\times2-1\times1=5$。再计算出 x 的系数与常数交叉相乘的差，即 $3\times10-1\times10=20$。最后计算出常数与 y 的系数交叉相乘的差，即 $10\times2-10\times1=10$。这样 $x=10/5=2$; $y=20/5=4$。

所以结果为$\begin{cases}x=2\\y=4\end{cases}$

第七章

数字藏规律

数列是以正整数集（或它的有限子集）为定义域的函数。简单地说，数列是一列有序的数。数列中的每一个数都叫作这个数列的项。排在第一位的数称为这个数列的第 1 项（通常也叫作首项），排在第二位的数称为这个数列的第 2 项……排在第 n 位的数称为这个数列的第 n 项，通常用 a_n 表示。

例如：数列 1，2，3，4，5…这就是一个自然数数列。它也是最简单的一个数列。我们可以看出，它是有一定规律的，即每一项都比前一项多 1。

对于数列，我们的要求是熟悉并熟记一些常见数列，保持对数字的敏感性，同时要注意倒序。

下面列举一些常见的数列。

自然数数列：1，2，3，4，5，…（$a_n=n$）

自然数倒数数列：1，1/2，1/3，1/4，1/5，…（$a_n=1/n$）

偶数数列：2，4，6，8，10，12，14，…（$a_n=2n$）

奇数数列：1，3，5，7，9，11，13，15，…（$a_n=2n-1$）

摆动数列：

−1，1，−1，1，−1，1，−1，1，… [$a_n=(-1)^n$]

1，−1，1，−1，1，−1，1，−1，1，… [$a_n=(-1)^{(n+1)}$]

1，0，1，0，1，0，1，0，1，…{$a_n=[(-1)^{(n+1)}+1]/2$}

1，0，−1，0，1，0，−1，0，　…$\{a_n=\cos[(n-1)\pi/2]=\sin(n\pi/2)\}$

0位数数列：

1，11，111，1111，11111，…$[a_n=(10^n-1)/9]$

9，99，999，9999，99999，…$(a_n=10^n-1)$

平方数列：1，4，9，16，25，36，49，…$(a_n=n^2)$

等比数列：1，2，4，8，16，32，…$(a_n=2^{n-1})$

整数平方数列：4，1，0，1，4，9，16，25，36，…$[a_n=(n-3)^2]$

整数立方数列：−8，−1，0，1，8，27，64，125，216，…$[a_n=(n-3)^3]$

质数数列：2，3，5，7，11，13，17，…（注意倒序，如17，13，11，7，5，3，2）

合数数列：4，6，8，9，10，12，14，…（注意倒序）

斐波那契数列：1，1，2，3，5，8，13，21，…

大衍数列：0，2，4，8，12，18，24，32，40，…

三角形数列：1，3，6，10，…$[a_n=n(n+1)/2]$

有很多数字找规律的问题（数字推理），其实质就是数列问题。其基本思路是通过观察数列各项之间的变化，通过将两项间相加、相减、相乘、相除、平方、立方等运算来找出其中的规律。所谓万变不离其宗，这类问题最基本的形式是等差、等比、平方、立方、质数列、合数列等。

除此之外，还有一些变形的题目或者将几种基本形式结合起来形成的新题目。如：

规律蕴含在相邻两数的差或倍数中；

前后几项为一组，以组为单位找关系才能发现规律；

需要将数列本身分解，通过对比才能发现其规律；

相邻两数的关系中隐含着规律。

常用的数列分析方法

（1）作和法

作和法就是依此作出连续两项或者三项的和，由此得到一个新的、有特殊规律的数列。通过新数列，推知原数列的规律。

例 1

请根据给出数字之间的规律，填写空缺处的数字。

1，1，2，3，4，7，________

A. 6　　B. 8　　C. 9　　D. 10

解答

题目中的数字都很小，因此考虑作和法。

1+1=2

1+2=3

2+3=5

3+4=7

4+7=11

…………

正好是质数列，下一个质数应该是 13，所以空缺处的数字为 6。答案为 A。

（2）作差法

作差法是对原数列相邻两项依次作差，由此得到一个新的、有特殊规律的数列。通过新数列，推知原数列的规律。

例 2

请根据给出数字之间的规律，填写空缺处的数字。

52，57，66，79，96，________

A. 111　　B. 117　　C. 121　　D. 127

解答

相邻两项依次作差，得到

57−52=5

66−57=9

79−66=13

96−79=17

…………

为公差为 4 的等差数列。所以答案为 B。

（3）作积法

作积法是计算出数列相邻两项的积，探寻出其与数列各数字之间的联系，从而确定整个数列的规律。

例 3

请根据给出数字之间的规律，填写空缺处的数字。

1，7，7，9，3，________

A．1　　B．7　　C．2　　D．3

解答

此题的规律为前两项相乘后，取其个位数即为第三项。所以答案为 B。

（4）作商法

作商法是对原数列相邻两项依次作商，由此得到一个新的、有特殊规律的数列。通过新数列，推知原数列的规律。

例 4

请根据给出数字之间的规律，填写空缺处的数字。

4，6，12，30，90，________

A．120　　B．175　　C．230　　D．315

解答

相邻两个数一次作商，得到

6÷4=1.5

12÷6=2

30÷12=2.5

90÷30=3

…………

为等差数列。下一项应为 90×3.5=315，所以选 D。

（5）转化法

转化法是将数列前面的项按照某一特定的规律转化可以得到后面的项，整个数列每一项都有此规律。

例 5

请根据给出数字之间的规律，填写空缺处的数字。

1，3，8，19，42，________

A. 78　　B. 89　　C. 90　　D. 115

解答

在其他思路行不通时可以考虑转化法。

1×2+1=3

3×2+2=8

8×2+3=19

19×2+4=42

所以结果为 42×2+5=89，答案为 B。

（6）拆分法

拆分法就是把数列的每一项都拆分成两部分，这两部分分别有一个特定的规律。

例 6

请根据给出数字之间的规律，填写空缺处的数字。

2，9，25，49，99，________

A. 133　　B. 143　　C. 153　　D. 163

解答

将数列的每一项进行拆分

2=1×2

9=3×3

25=5×5

49=7×7

99=9×11

…………

第一部分为奇数数列，第二部分为质数数列，下一项应该为11×13=143。

所以答案为B。

（7）整除性

整除性是指一个整数可以被哪些整数整除。每个正整数除了可以被1和它本身整除以外，它的约数越多，整除性越好。

常用的整除规则：

所有偶数都可以被2整除；

各位数字之和能被3整除的数能被3整除；

个位数字为0或5的数字可以被5整除；

能同时被2和3整除的数也能被6整除；

各位数字之和能被9整除的数能被9整除。

例7

请根据给出数字之间的规律，填写空缺处的数字。

1，6，20，56，144，________

A. 256　　B. 278　　C. 352　　D. 360

解答

除了第一项1以外，其他的各项都有很好的整除性，所以本题考虑将各项拆分。1只能拆分成1×1，6拆分成2×3，20拆分成

4×5，56 拆分成 8×7，144 拆分成 16×9。我们可以看出拆分后第一个乘数分别是 1、2、4、8、16……；第二个乘数为 1、3、5、7、9……

前者是等比数列，后者是等差数列。所以空缺处应该为 32×11=352。

故答案为 C。

214．找数字规律

中级　　难度星级：☆☆★★★　　知识点：找规律

按照给出的数字之间的规律，填出空格处应该填的数字。

1，8，27，________，125，216

215．数字的规律

中级　　难度星级：☆☆★★★　　知识点：找规律

按照给出的数字之间的规律，填出空格处应该填的数字。

1，2，5，29，________

216．有名的数列（1）

中级　　难度星级：☆☆★★★　　知识点：找规律

按照给出的数字之间的规律，填出空格处应该填的数字。

1，1，2，3，5，8，13，21，________

217．有名的数列（2）

中级　　难度星级：☆☆★★★　　知识点：找规律

按照给出的数字之间的规律，填出空格处应该填的数字。

1，3，4，7，11，18，29，________

218. 猜字母（1）

中级　　难度星级：☆☆★★★　　知识点：找规律

根据所给字母的规律，写出空格处应该填的字母。

O，T，T，F，F，S，S，E，______

219. 猜字母（2）

中级　　难度星级：☆☆★★★　　知识点：找规律

根据所给字母的规律，写出空格处应该填的字母。

F，G，H，J，K，______

220. 猜字母（3）

中级　　难度星级：☆☆★★★　　知识点：找规律

根据所给字母的规律，写出空格处应该填的字母。

Q，W，E，R，T，______

221. 字母找规律

中级　　难度星级：☆☆★★★　　知识点：找规律

根据所给字母的规律，写出空格处应该填的字母。

A，D，G，J，______

222. 排列规律

中级　　难度星级：☆☆★★★　　知识点：找规律

按照给出的数字之间的规律，填出空格处应该填的数字。

9，12，21，48，______

223. 找规律

中级　　难度星级：☆☆★★★　　知识点：找规律

下面是按规律排列的一串数，问其中的第 1995 项是多少?

2，5，8，11，14……

224. 数字规律

中级　　难度星级：☆☆★★★　　知识点：找规律

根据图中前 2 个图形中数字的规律，确定第 3 幅图中问号处应该是几?

1	2
3	9

2	3
3	15

2	4
5	?

225. 不能被除尽

高级　　难度星级：☆★★★★　　知识点：分组法

在从 1 开始的自然数中，第 100 个不能被 3 除尽的数是多少?

226. 连续的偶数和

高级　　难度星级：☆★★★★　　知识点：分组法

把 1988 表示成 28 个连续偶数的和，那么其中最大的那个偶数是多少?

227. 智力测验

中级　　难度星级：☆☆★★★　　知识点：找规律

根据所给字母的规律，写出空格处应该填的字母。

E，H，L，O，S，________

228. 填字母

中级　　难度星级：☆☆★★★　　知识点：找规律

根据所给字母的规律，写出空格处应该填的字母。

M，T，W，T，F，________，________

229. 缺的是什么字母

中级　　难度星级：☆☆★★★　　知识点：找规律

根据所给字母的规律，写出空格处应该填的字母。

J，F，M，A，________，________，J，A，S，________，________，D

230. 组成单词

中级　　难度星级：☆☆★★★　　知识点：找规律

用下面6个字母（可重复使用），可以构成一个常用的英文单词，你能把它找出来吗？

B，D，E，G，O，Y

231. 写数列

中级　　难度星级：☆☆★★★　　知识点：找规律

按照给出的数字之间的规律，填出空格处应该填的数字。

1，10，3，9，5，8，7，7，9，6，________，________

232. 下一个数字

中级　　难度星级：☆☆★★★　　知识点：找规律

按照给出的数字之间的规律，填出空格处应该填的数字。

2，3，5，7，11，13，________

233. 字母排列

中级　　难度星级：☆☆★★★　　知识点：找规律

根据给出的字母之间的规律，写出接下来的字母。

B，A，C，B，D，C，E，D，F，______

234．代表什么

中级　　难度星级：☆☆★★★　　知识点：找规律

如果圆代表 1，五角星代表 10，正方形代表 4，那么正六边形代表多少？

235．商与余数相等

中级　　难度星级：☆☆★★★　　知识点：找规律

在大于 1000 的整数中，找出所有被 34 除后商与余数相等的数，那么这些数的和是多少？

236．下一个数字是什么

中级　　难度星级：☆☆★★★　　知识点：找规律

按照给出的数字之间的规律，填出空格处应该填的数字。

125，77，49，29，______

237．寻找数字规律

中级　　难度星级：☆☆★★★　　知识点：找规律

按照给出的数字之间的规律，填出空格处应该填的数字。

0，2，4，8，12，18，24，32，40，______

238．字母旁的数字

中级　　难度星级：☆☆★★★　　知识点：找规律

根据给出的各组字母与数字间的关系，请问：字母 W 旁的空格处的数字应该是多少？

G7　M13　U21　J10　W______

239. 黄色卡片

高级　　难度星级：☆★★★★　　知识点：找规律

盒子里装着分别写有 1、2、3……134、135 的红色卡片各 1 张，从盒中任意摸出若干张卡片，并算出这若干张卡片上各数的和除以 17 的余数，再把这个余数写在另 1 张黄色的卡片上并放回盒内，经过若干次这样的操作后，盒内还剩下 2 张红色卡片和 1 张黄色卡片，已知这 2 张红色的卡片上写的数分别是 19 和 97，求那张黄色卡片上所写的数。

240. 排列的规律

中级　　难度星级：☆☆★★★　　知识点：找规律

下面的各算式是按规律排列的：1+1，2+3，3+5，4+7，1+9，2+11，3+13，4+15，1+17……那么其中第多少个算式的结果是 1992？

241. 相同的项数

中级　　难度星级：☆☆★★★　　知识点：找规律

已知两个数列：

2，5，8，11，…，2+（200−1）×3；

5，9，13，17，…，5+（200−1）×4。

它们都有 200 项，问这两个数列中相同的项数共有多少对？

242. 数字找规律（1）

中级　　难度星级：☆☆★★★　　知识点：找规律

按照给出的数字之间的规律，填出空格处应该填的数字。

1，3，6，10，________

243. 数字找规律（2）

中级　　难度星级：☆☆★★★　　知识点：找规律

按照给出的数字之间的规律，填出空格处应该填的数字。

21，20，18，15，11，________

244. 数字找规律（3）

中级　　难度星级：☆☆★★★　　知识点：找规律

按照给出的数字之间的规律，填出空格处应该填的数字。

8，6，7，5，6，4，________

245. 数字找规律（4）

中级　　难度星级：☆☆★★★　　知识点：找规律

按照给出的数字之间的规律，填出空格处应该填的数字。

65536，256，16，________

246. 数字找规律（5）

中级　　难度星级：☆☆★★★　　知识点：找规律

按照给出的数字之间的规律，填出空格处应该填的数字。

1，0，-1，0，________

247. 数字找规律（6）

中级　　难度星级：☆☆★★★　　知识点：找规律

按照给出的数字之间的规律，填出空格处应该填的数字。

3968，63，8，3，________

248. 智力测验（1）

中级　　难度星级：☆☆★★★　　知识点：找规律

按照给出的数字之间的规律，填出空格处应该填的数字。

2，5，8，11，________

249. 智力测验（2）

中级　　难度星级：☆☆★★★　　知识点：找规律

按照给出的数字之间的规律，填出空格处应该填的数字。

7，10，9，12，11，________

250. 智力测验（3）

中级　　难度星级：☆☆★★★　　知识点：找规律

按照给出的数字之间的规律，填出空格处应该填的数字。

2，7，24，77，________

251. 猜数字（1）

中级　　难度星级：☆☆★★★　　知识点：找规律

按照给出的数字之间的规律，填出空格处应该填的数字。

1，2，6，24，120，________

252. 猜数字（2）

中级　　难度星级：☆☆★★★　　知识点：找规律

按照给出的数字之间的规律，填出空格处应该填的数字。

30，32，35，36，40，________

253. 猜数字（3）

中级　　难度星级：☆☆★★★　　知识点：找规律

按照给出的数字之间的规律，填出空格处应该填的数字。

1，2，2，4，8，________，256

254. 猜数字（4）

中级　　难度星级：☆☆★★★　　知识点：找规律

按照给出的数字之间的规律，填出空格处应该填的数字。

1，10，3，5，________，0

255. 猜数字（5）

中级　　难度星级：☆☆★★★　　知识点：找规律

按照给出的数字之间的规律，填出空格处应该填的数字。

0，1，3，________，10，11，13，18

256. 填数字（6）

中级　　难度星级：☆☆★★★　　知识点：找规律

按照给出的数字之间的规律，填出空格处应该填的数字。

0，7，26，63，________

257. 天才测验（1）

中级　　难度星级：☆☆★★★　　知识点：找规律

按照给出的数字之间的规律，填出空格处应该填的数字。

3/5，7/20，13/51，21/104，________

258. 天才测验（2）

中级　　难度星级：☆☆★★★　　知识点：找规律

按照给出的数字之间的规律，填出空格处应该填的数字。

118，199，226，235，________

259. 天才测验（3）

中级　　难度星级：☆☆★★★　　知识点：找规律

按照给出的数字之间的规律，填出空格处应该填的数字。

7，10，________，94，463

第八章

看图填数字

大家都看过金庸的作品吧！在《射雕英雄传》中郭靖、黄蓉二人被裘千仞追到黑龙潭，躲进瑛姑的小屋。瑛姑出了一道题：把数字 1 ~ 9 填到 3 行 3 列的表格中，要求每行、每列及 2 条对角线上的和都相等。

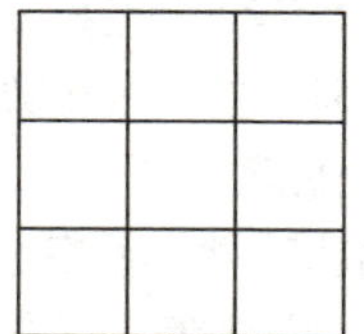

这道题难倒了瑛姑十几年，却被聪明的黄蓉一下子就答出来了。这就是一个最简单的 3 阶幻方。

幻方是一种将数字排在正方形格子中，使每行、每列和对角线上的数字和都相等的数字游戏。

幻方又称纵横图、九宫图。据说在夏禹治水时，河南洛阳附近的大河里浮出了一只乌龟，背上有一个很奇怪的图形，古人认为是一种祥瑞，预示着洪水将被夏禹彻底制服。后人称之为“洛书”或“河图”，故而又叫河洛图。

对于 3 阶幻方的解法，有首歌诀传世：九宫之义，法以灵龟，二四为肩，六八为足，左七右三，冠九履一，五居中央。

2	9	4
7	5	3
6	1	8

延伸出去，还有四四图、五五图，以至百子图。

其中四四图就是把 1 ～ 16 这 16 个数字依次排成 4 行 4 列，使得每行、每列和对角线上的 4 个数字的和都为 34。

排列的方法很简单，只要把 1 ～ 16 按顺序排列在 4×4 方格里，先把四角对换，1 换 16，4 换 13，然后再把内四角对换，6 换 11，7 换 10。这样就得到了答案，你来试试看！

南宋数学家杨辉，在他著的《续古摘奇算法》里就介绍了用这种方法解 3 阶幻方：只要将 9 个自然数按照从小到大的递增次序斜排，然后把上、下两数对调，左、右两数也对调；最后再把中部 4 数各向外面挺出，幻方就出现了。

因为幻方的智力性和趣味性，很多游戏和玩具都与幻方有关，如捉放曹、我们平时玩的六面体等，幻方问题也成为学习编程时的常见问题。

幻方的常见形式

①完全幻方。

完全幻方指一个幻方行、列、主对角线及泛对角线各数之和均相等。

②高次幻方。

n 阶幻方是由 n^2 个自然数组成的一个 n 阶方阵，其各行、各列及两条对角线所含的 n 个数的和相等。

③乘幻方。

乘幻方指一个幻方行、列、对角线各数乘积相等。

④反幻方。

在一个由若干个排列整齐的数组成的正方形中，图中任意一横行、一纵行及对角线的几个数之和不相等，具有这种性质的图表，被称为“反幻方”。

反幻方与正幻方最大的不同点是幻和不同，正幻方所有幻和都相同，而反幻方所有幻和都不同。所谓幻和就是幻方的任意行、列及对角线几个数之和。

最简单的幻方就是平面幻方，还有立体幻方、高次幻方等。对于立体幻方、高次幻方世界上很多数学家仍在研究，我们这里只讨论平面幻方里的两种简单情况：N 为奇数、N 为 4 的倍数时的常见解法。

N 为奇数时

第一步，将 1 放在第一行中间一列；

第二步，从 2 开始直到 $n \times n$ 止各数依次按下列规则摆放：按 45° 方向行走，如向右上；每一个数摆放的行比前一个数的行数减 1，列数加 1；

第三步，如果行列范围超出矩阵范围，则回绕；

例如 1 在第 1 行，则 2 应放在最下一行，列数同样加 1。

最后，如果按上面规则确定的位置上已有数，或上一个数是第 1 行第 n 列，则把下一个数放在上一个数的下面。

N 为 4 的倍数时

采用对称元素交换法。

首先把数 1 到 $n \times n$ 按从上至下，从左到右顺序填入矩阵，然后将方阵的所有 4×4 子方阵中的两对角线上位置的数做关于方阵中心的对称交换，所有其他位置上的数不变。（或者将对角线不变，其他位置对称交换也可以。）

260. 代表的数字

中级　　难度星级：☆☆☆★★　　知识点：列方程

下图中，心形和笑脸代表的数字分别是多少？

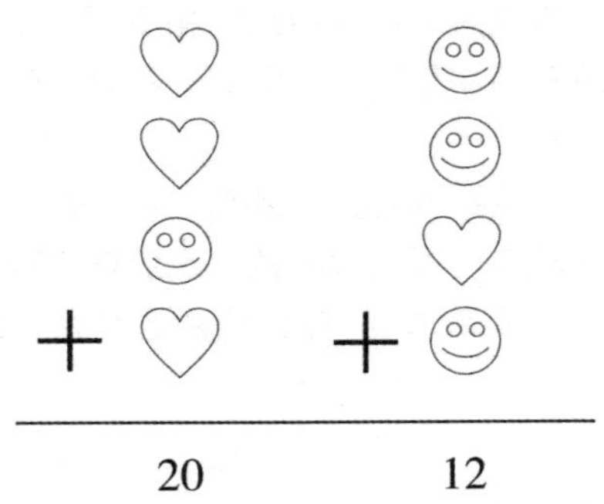

261. 填数字

高级　　难度星级：☆★★★★　　知识点：整体法

把 1 ~ 9 这 9 个数字填入到下图的空格中，使得它们组成 5 个数字（其中 2 个一位数、2 个两位数、1 个三位数），且中间的三位数分别等于两边 2 个数的乘积。你知道该怎么填吗？

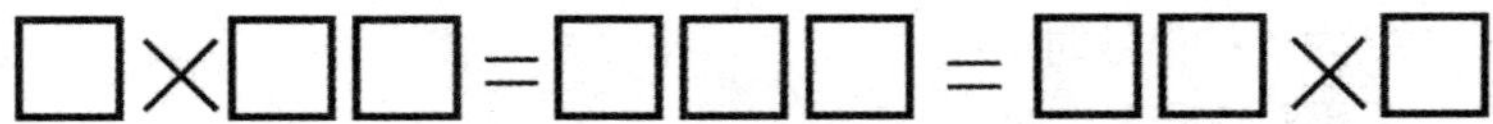

262. 双环填数

中级　　难度星级：☆☆★★★　　知识点：找规律

下图中有 2 个环，请根据已有数字的规律，确定问号处应该填的数字是多少？

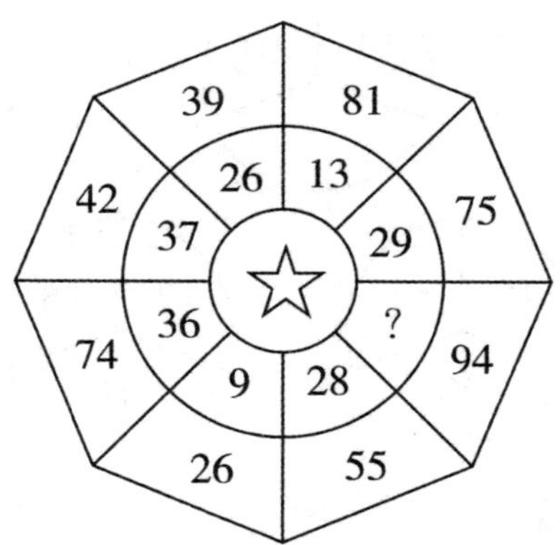

263. 三环填数

中级　　难度星级：☆☆★★★　　知识点：整体法

下图中有 3 个圆环，请在上面的小圆圈中填入数字 1 ~ 9。使得每个圆环上 4 个数字的和都是 19。

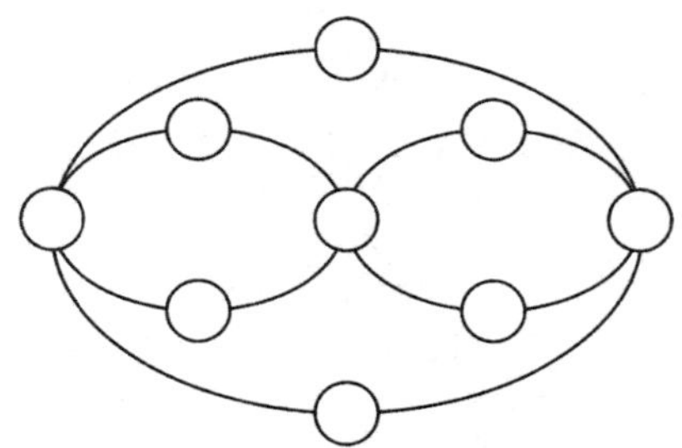

264. 填数游戏

中级　　难度星级：☆☆★★★　　知识点：找规律

如图，请根据给出数字的规律，确定问号处应该填的数字是多少。

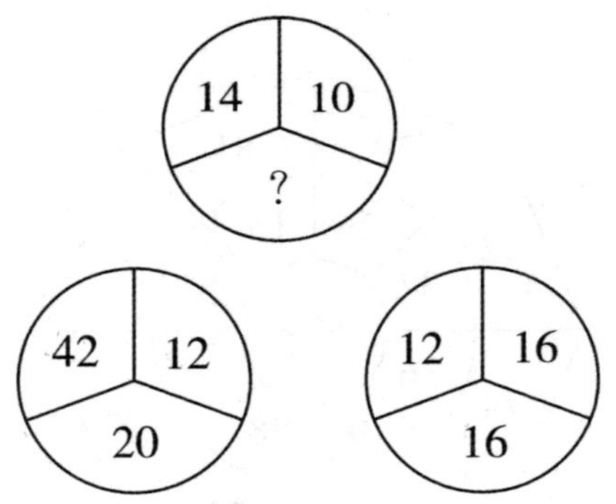

265. 数字之和

中级　　难度星级：☆☆★★★　　知识点：整体法

请在下图中填入数字 1 ~ 11，使得每条直线上 3 个数字之和都相等。你知道怎么填吗？

266. 填数游戏

中级　　难度星级：☆☆☆★★　　知识点：数独

如图，只用 1、2、4、6、9 这 5 个数字把下面的空格填满，使得每行、每列及每条对角线上的数字加起来都是 22。

1				
	6			
		2		
			4	
				9

267. 数字金字塔

中级　　难度星级：☆☆☆★★　　知识点：加法

下图中的这个金字塔，规则很简单，下面一层的 2 个数字相加，和是上面 1 个数字。下图中一些数字已经给出了，请把剩余的数字补齐吧。

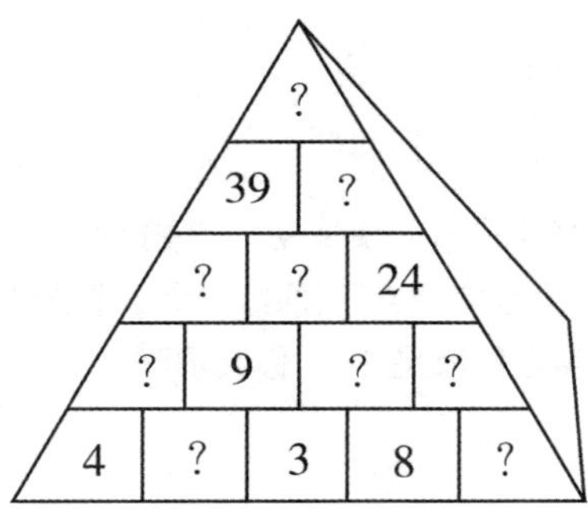

268. 缺少的数字

中级　　难度星级：☆☆★★★　　知识点：找规律

想一想，下图中方框里缺少的数字是几？

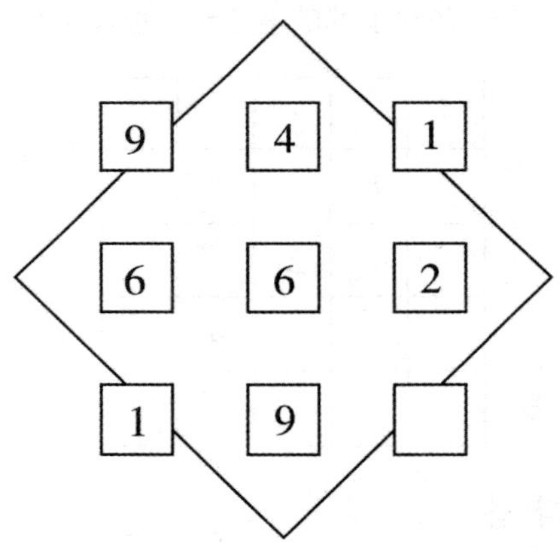

269. 计算数字

中级　　难度星级：☆☆★★★　　知识点：解方程

计算下面等式中 x 的值。

（1）$x \times x \div x = x$

（2）$(x+x) \times x = 10x$

270. 等于 10

中级　　难度星级：☆☆★★★　　知识点：整体法

把 0 ~ 5 这 6 个数字填入下图的 6 个小圆圈中，使每个大圆上 4 个小圆圈里的数字之和都是 10。你会填吗？

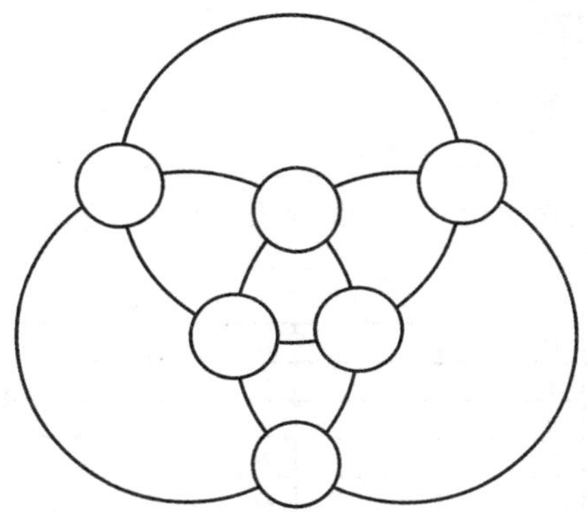

271. 两数之差

中级　　难度星级：☆☆★★★　　知识点：整体法

请大家在图中的 8 个圆圈里填上 1 ~ 8 这 8 个数字，规定由线段连着的 2 个相邻圆圈中的两数之差不能为 1。例如，如果最左边的圆圈中填了 5，那么 4 与 6 就都不能放在第 2 列的某个圆圈内。

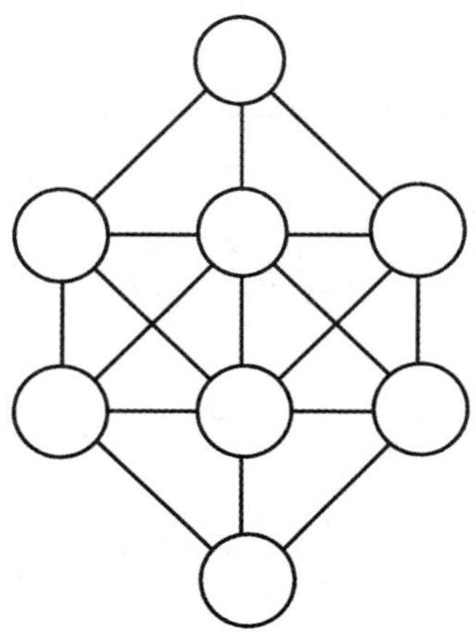

272. 字母问题

中级　　难度星级：☆☆★★★　　知识点：解方程组

下表中每个字母都代表 1 个数字，而表中右侧和下部的数字则表示该行或列所有字母代表的数字的总和。你能把“？”处所代表的数字算出来吗？

A	*B*	*B*	*B*	*A*	16
A	*E*	*A*	*E*	*C*	19
A	*B*	*E*	*A*	*C*	17
A	*C*	*A*	*B*	*D*	16
B	*D*	*B*	*D*	*C*	?
22	12	18	16	?	

273. 等边三角形

中级　　难度星级：☆☆★★★　　知识点：整体法

请把 1 ~ 9 这 9 个数字填入图中的 9 个小圆圈内，使得图中的 7 个大大小小的等边三角形 3 个顶点的数字之和都相等。你知道怎么填吗？

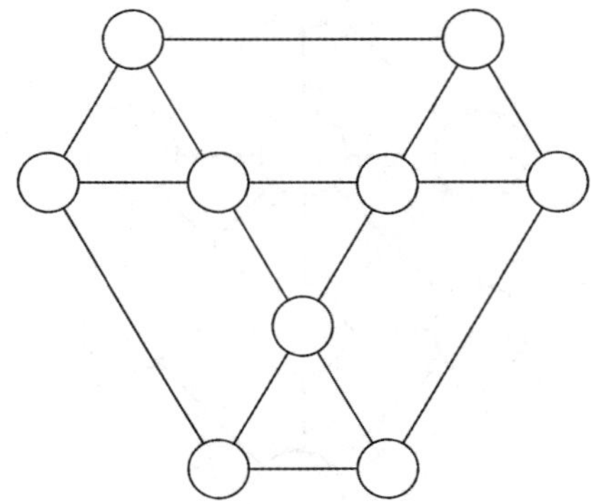

274. 中间数字

中级　　难度星级：☆☆★★★　　知识点：整体法

将数字 1 ~ 9 填到图中的 9 个圆圈里，使“十字”的每条线上的 5 个数字和都为 27。你知道中间的位置应该填几吗？

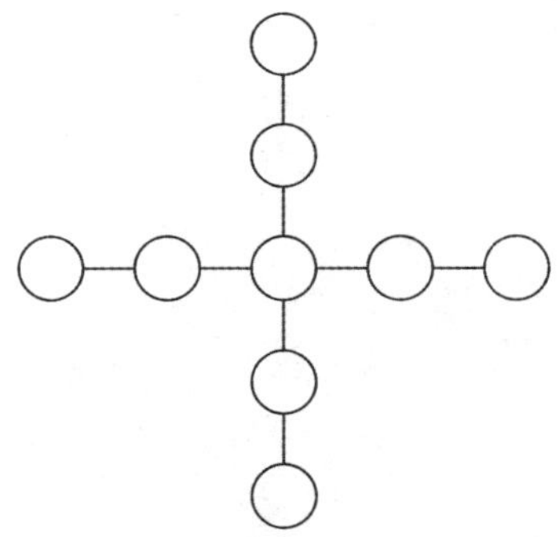

275. 填数字

中级　　难度星级：☆☆★★★　　知识点：整体法

请把数字 1 ~ 9 填入下图的空格中，使得所有的等式都成立（按顺序计算，不考虑乘除法的优先顺序）。你知道怎么填吗？

		10	−	43		20
+		×		÷		=
				11		
×		+		+		÷
				12		
÷		−		−		×

276. 幻方

高级　难度星级：☆★★★★　知识点：幻方

下图是 5×5 的方格，请把数字 1 ～ 25 填入下面的空格中，使得每行、每列以及每条主对角线上的数字之和都是 65，且灰色方格内的数字必须是奇数。你知道该怎么填吗？

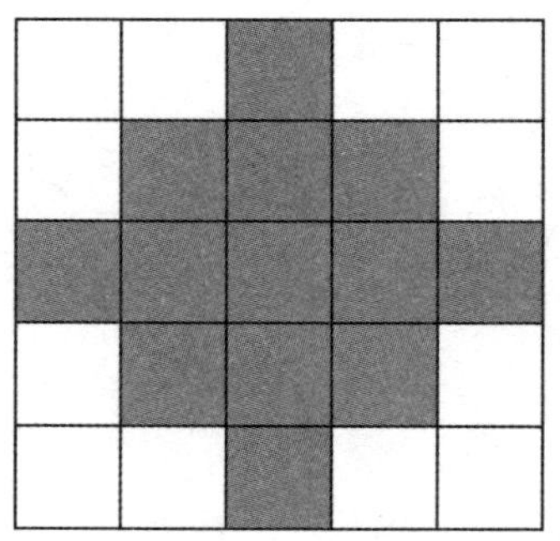

277. 菱形方阵

中级　难度星级：☆☆★★★　知识点：整体法

请把数字 1 ～ 12 填入下图的菱形方阵中的小圆圈内。使得每个小菱形 4 个角位置的数字之和都是 26。你知道怎么填吗？

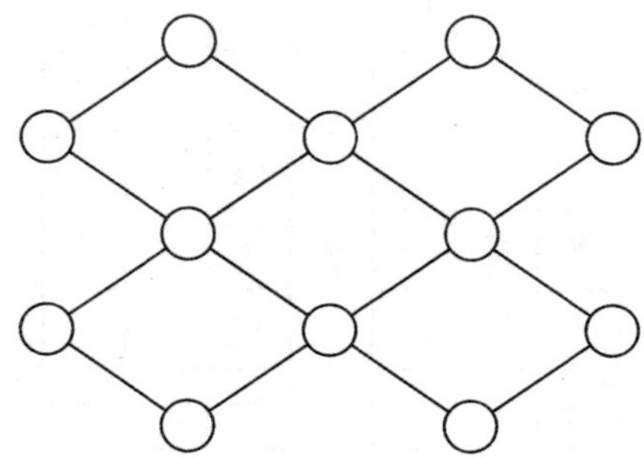

278. 调换数字

初级　　难度星级：☆☆☆☆★　　知识点：整体法

如图所示，图中 4 个梯形及每条对角线上的 4 个数字之和都是 18，现在请你调换 2 组数字，让 2 个正方形顶点的 4 个数字和也为 18。你能做到吗？

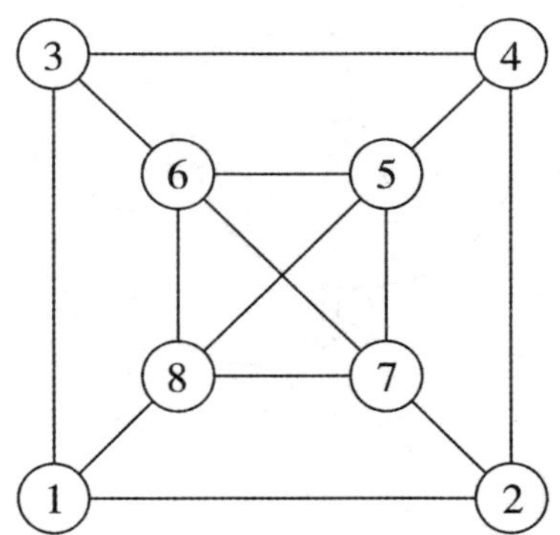

279. 结果相同

中级　　难度星级：☆☆★★★　　知识点：整体法

下图中有 2 组数字，请在每组数字中间的问号处分别填入 1 个乘号和 1 个除号，使得 2 组数字计算出来的结果相同。你知道该怎么填吗？

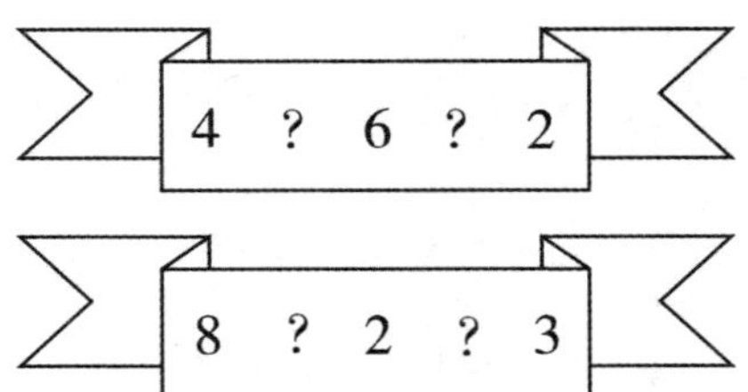

280. 重叠的圆

中级　　难度星级：☆☆☆★★　　知识点：找规律

下图中有 4 个相互重叠在一起的圆，上面有一些数字，请根据这些数字之间的规律，写出问号处代表的数字是几？

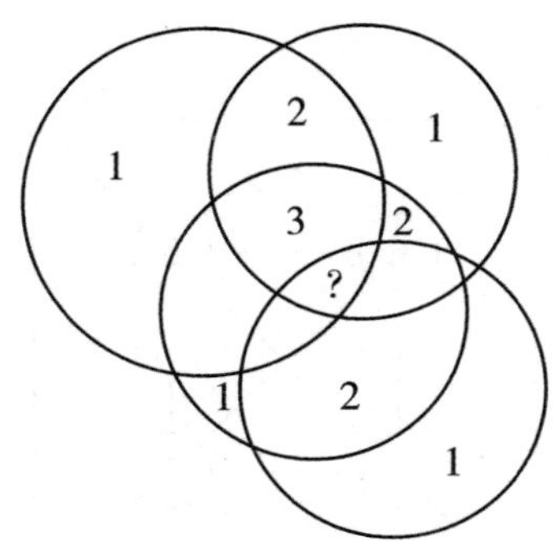

281. 算式阵

中级　　难度星级：☆☆★★★　　知识点：整体法

下图是一个奇妙的算数阵，只要你把 1 ~ 9 这 9 个数字分别填进下面的 9 个圆圈内，每个数字只允许填 1 次，那么这 6 个等式都能成立。你知道该怎么填吗？

○	+	○	+	○	= 16
×		×		×	
○	+	○	÷	○	= 11
+		−		−	
○	+	○	×	○	= 8
=62		=35		=13	

282. 圆圈数字

中级　　难度星级：☆☆★★★　　知识点：整体法

下图中有 5 个圆，这些圆有 9 个交叉点，请把 1 ~ 9 这 9 个数字填入这 9 个交叉点处的圆圈内，使得每个圆上的 4 个数字之和都是 20。你会填吗？

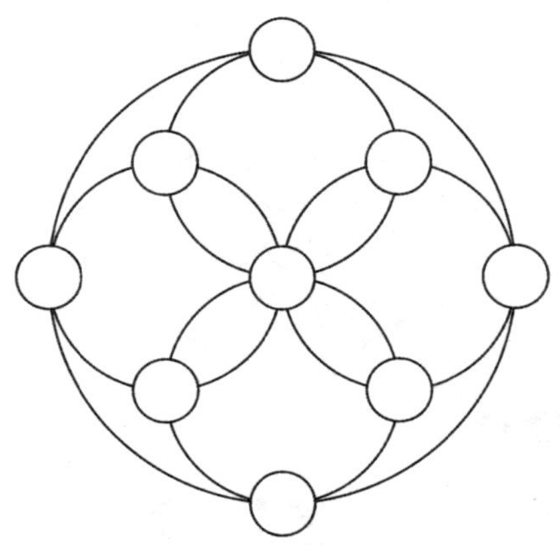

283. 剔除的数字

中级　　难度星级：☆☆☆★★　　知识点：去重

下面的表中有 16 个数字，现在请你剔除掉其中 4 个，使得每行、每列的数字之和都是 60。你能做到吗？

20	15	25	20
15	25	20	25
20	25	15	15
25	20	15	20

284. 不等式

中级　　难度星级：☆☆★★★　　知识点：整体法

在下图中的圆圈内填入 1 ~ 9，使图中的所有不等式都成立。你知道该怎么填吗？

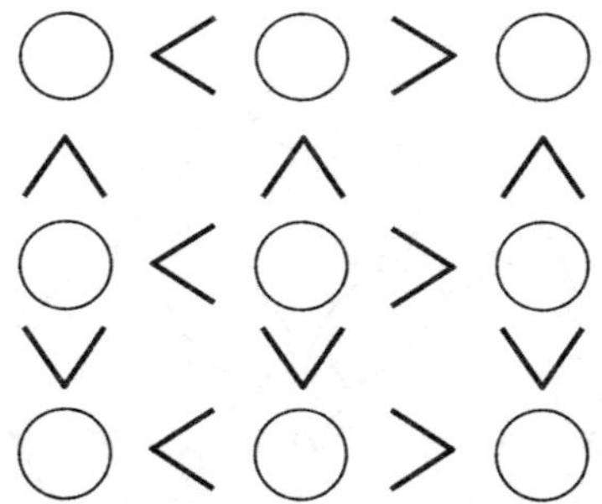

285. 数字与图形

中级　　难度星级：☆☆☆★★　　知识点：找规律

下图中的数字与图形之间存在某种关系，你能找出来吗？问号处应该填几？

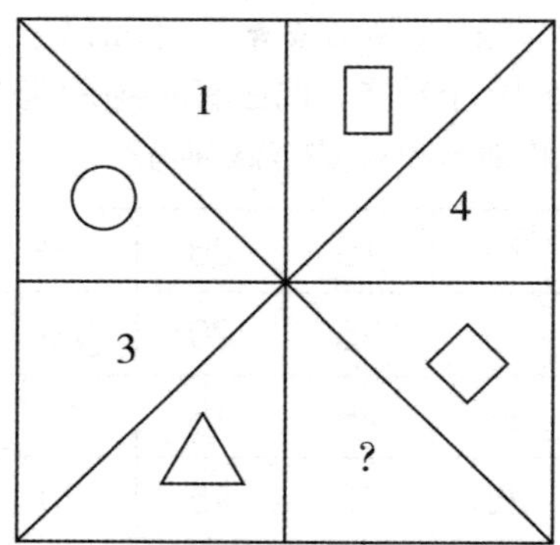

286. 四则运算

中级　　难度星级：☆☆★★★　　知识点：整体法

请将 1 ~ 8 这 8 个数字填入图中的圆圈内，使得 4 个等式成立。你会填吗？（答案不止一种，满足条件即可。）

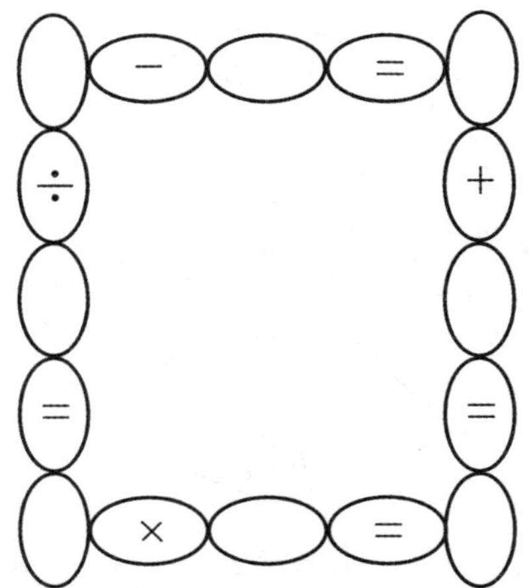

287. 寻找公式

中级　　难度星级：☆☆★★★　　知识点：找规律

如图所示，五角星中的数字是由旁边的 3 个数字经过一个特定的公式计算出来的结果。你能根据给出的数字，找出这个公式来吗？

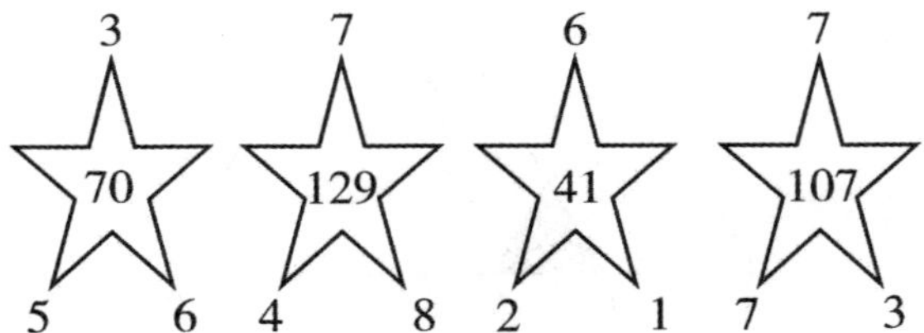

288. 伞上的数字

中级　　难度星级：☆☆★★★　　知识点：找规律

下图是一把雨伞的顶部，上面有两圈数字，请根据给出数字的规律，确定问号处应该是数字几？

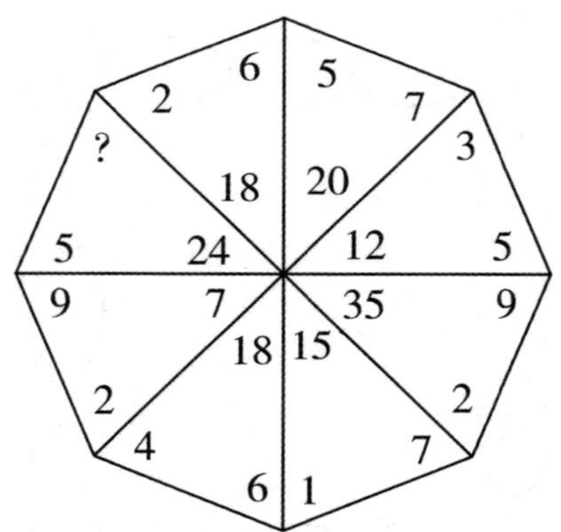

289. 重叠

中级　　难度星级：☆☆★★★　　知识点：比例

下图中有 2 个等边三角形，他们的面积之差为 48，其中线段 $AB:BC:CD$=2:1:4，你能根据这些求出重叠部分的面积吗？

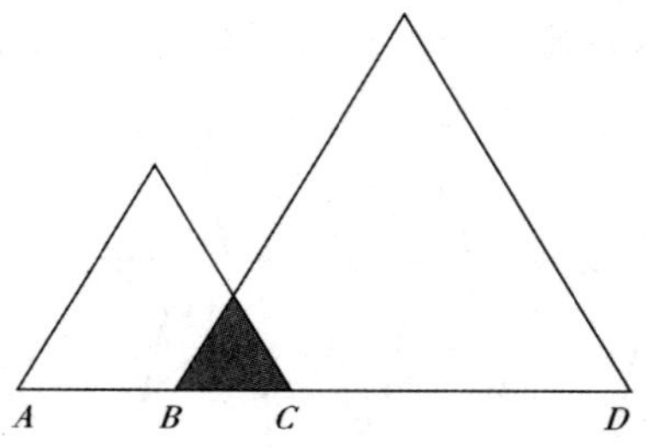

290. 内接图形

中级　　难度星级：☆☆★★★　　知识点：比例

如图所示，大正方形内部有 1 个内接圆，在圆的内部再内接 1 个正方形。请问，大小 2 个正方形的面积比是多少？

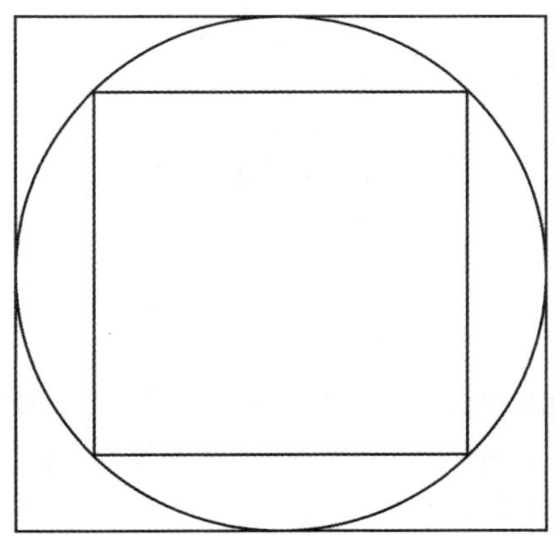

291. 填数字

中级　　难度星级：☆☆★★★　　知识点：找规律

如图所示，在空格中填入缺少的数字，使得它能够满足给出的数字之间的规律。你知道该填多少吗？

3	12	20
	33	27
42	45	47

292. 找规律

中级　　难度星级：☆☆☆★★　　知识点：找规律

观察图中的数字之间的规律，你知道问号处应该填什么数吗？

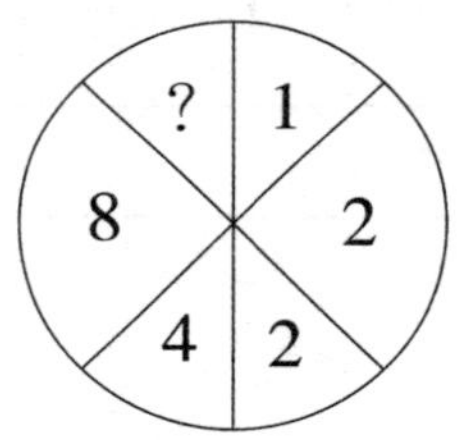

293. 太阳光

中级　　难度星级：☆☆★★★　　知识点：找规律

如图所示，外圈的数字间存在一定的规律，你能根据这个规律写出问号处代表的数字吗？

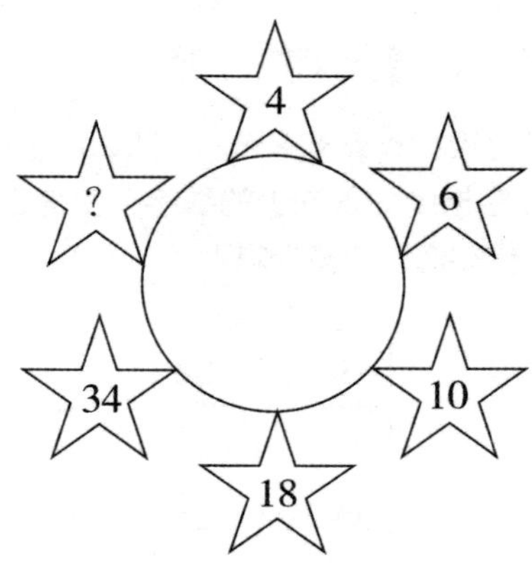

294. 数字规律

中级　　难度星级：☆☆★★★　　知识点：找规律

下图给出了一排数字，它们之间是有规律的，请根据已知的数字，确认问号处的数字应该是几？

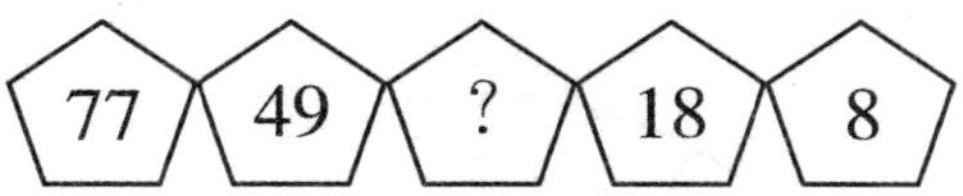

295. 九个数字

中级　　难度星级：☆☆★★★　　知识点：整体法

如图所示，请把 1 ~ 9 填入到下图的圆圈中，使得等式成立。

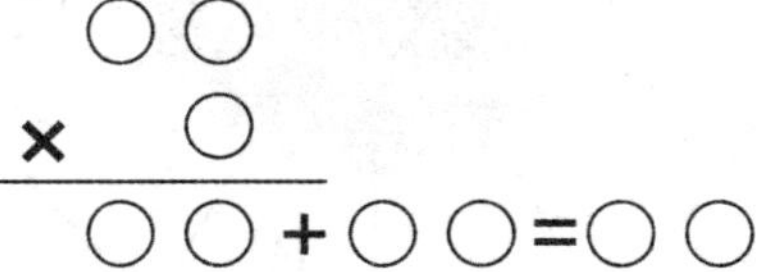

296. 数字关系

中级　　难度星级：☆☆★★★　　知识点：找规律

如图所示，最上面的数字与其他 4 个数字之间有某种内在关系。你能通过计算确认这种关系，并得出问号处应该是几吗？

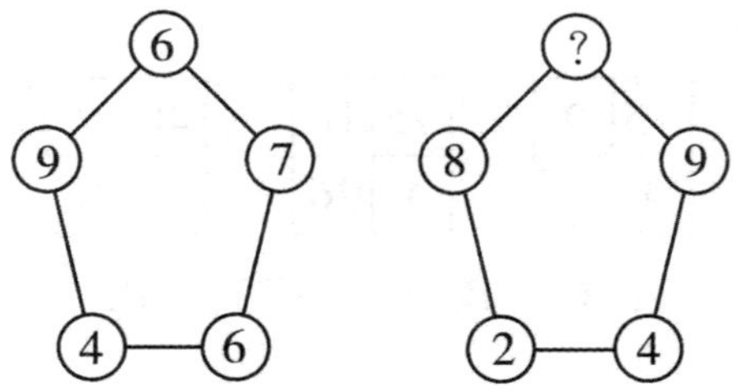

297. 三数之和

中级　　难度星级：☆☆★★★　　知识点：整体法

如图所示，请在空白处填入 1、3、4、6、7、8、11、13 这几个数字。使得通过中央圆圈的直线上的 3 个数字之和都是 21。你能做到吗？

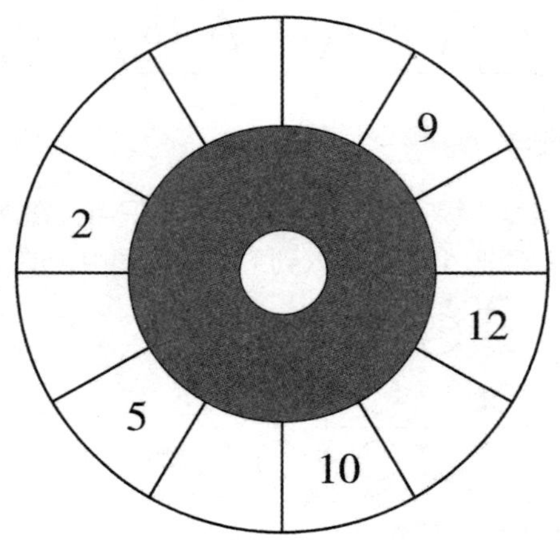

298. 奇怪的关系

中级　　难度星级：☆☆★★★　　知识点：找规律

请根据图中给出的数字之间的关系，确定问号处应该是什么数字？

15	2
4	5

75	10
1	26

40	?
7	18

A.10　B.21　C.3　D.7

299. 影子

中级　　难度星级：☆☆☆★★　　知识点：比例

如图所示，*B* 处是一盏灯。一个身高 1.8 米的人站在灯的正下方 *A* 点处，他向前走 3 米后，到达 *D* 点。这时他的影子 *DE* 长为 2 米。请问这盏灯离地面的距离 *AB* 为多少？

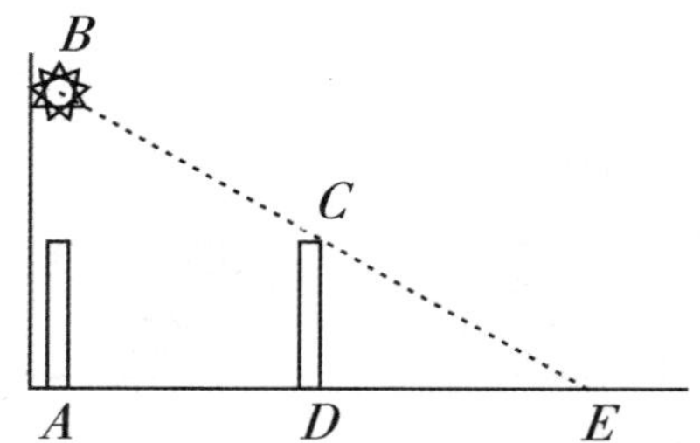

300. 华氏温度

中级　　难度星级：☆☆☆★★　　知识点：换算

下图是一个温度计，上面有华氏度和摄氏度之间的关系，请根据给出的数字，求出 104℉等于多少℃呢？

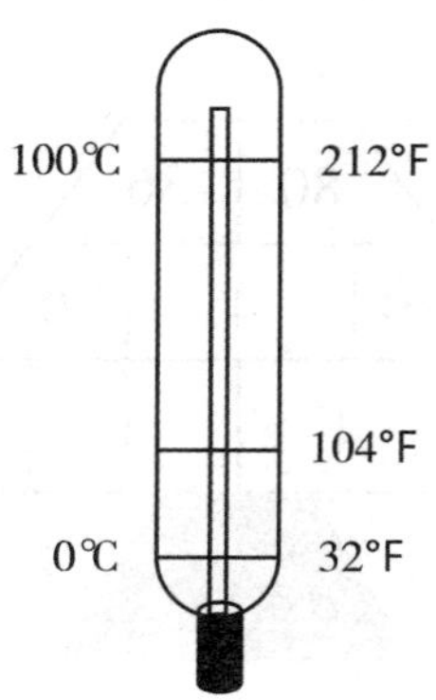

301. 房顶的数字

中级　　难度星级：☆☆★★★　　知识点：找规律

下图中有 2 座小房子，房顶的数字与下面墙上的数字之间有个固定的关系。你能根据给出的数字找出这个关系，并计算出问号处代表的数字吗？

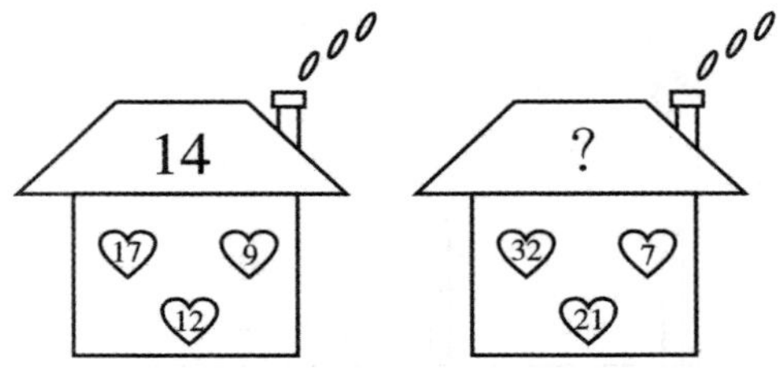

302. 树冠上的数字（1）

中级　　难度星级：☆☆★★★　　知识点：找规律

如图所示，这是一棵大树，请根据给出的数字之间的规律，把树冠顶端问号处的数字写出来。

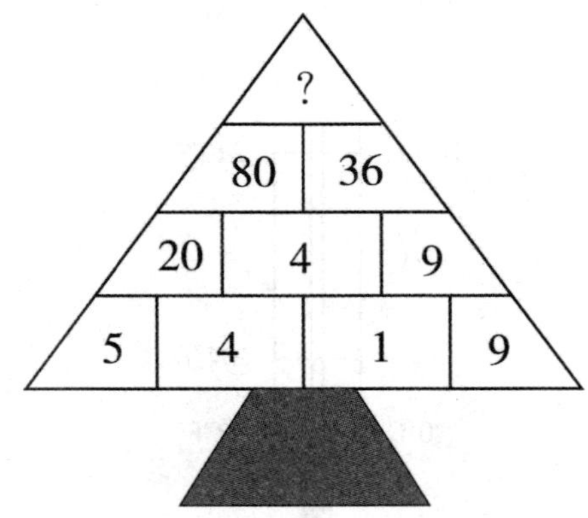

303. 树冠上的数字（2）

中级　　难度星级：☆☆★★★　　知识点：找规律

如图所示，这是一棵大树，请根据给出的数字之间的规律，把树冠顶端问号处的数字写出来。

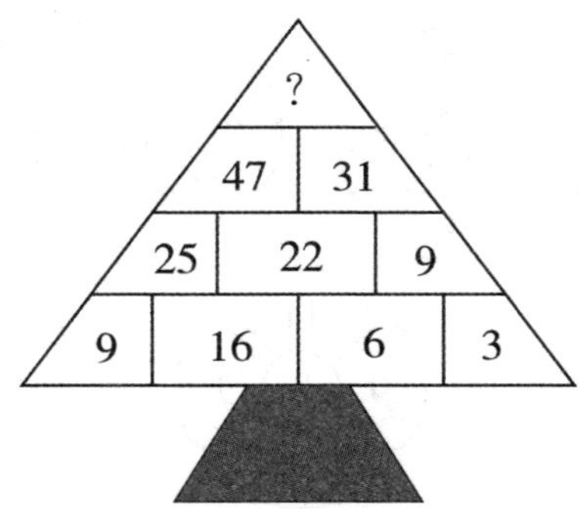

304. 花瓣上的数字（1）

中级　　难度星级：☆☆★★★　　知识点：找规律

如图所示，图中的花瓣上有一些数字，请根据它们之间的规律，确定问号处应该填入的数字分别是多少？

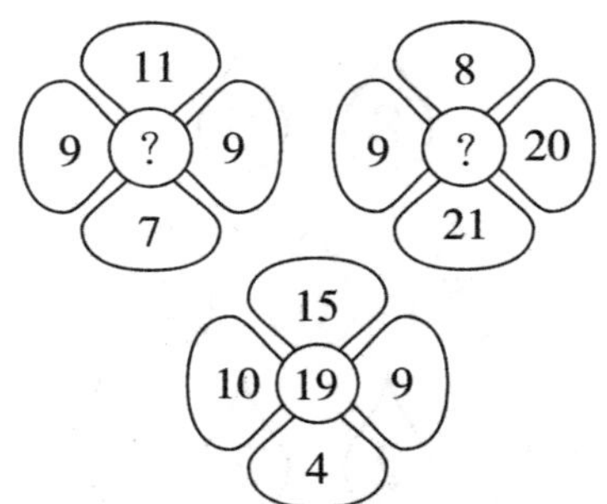

305. 花瓣上的数字（2）

中级　　难度星级：☆☆★★★　　知识点：找规律

如图所示，图中的花瓣上有一些数字，请根据它们之间的规律，确定问号处应该填入的数字是多少？

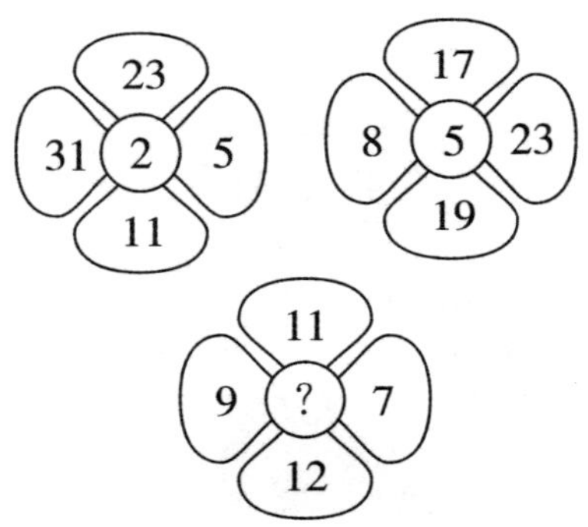

306. 水滴数字（1）

中级　　难度星级：☆☆★★★　　知识点：找规律

如图所示，调换一些水滴的位置，使每一行的数字之和都相等。你知道该怎么调换吗？

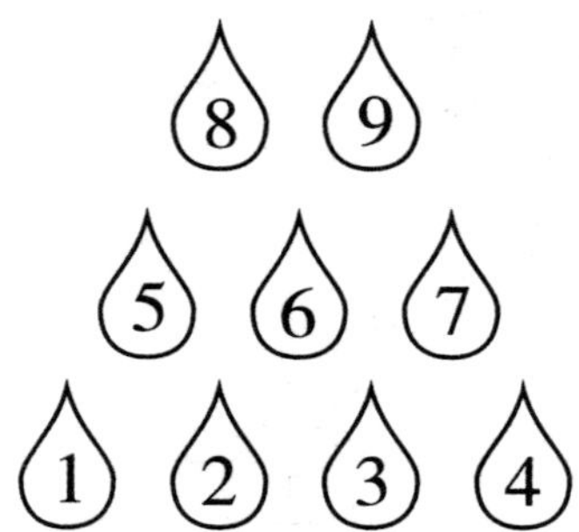

307. 水滴数字（2）

中级　　难度星级：☆☆★★★　　知识点：找规律

如图所示，调换一些水滴的位置，使每一行的数字之和都比下一行的数字之和多 1。你知道该怎么调换吗？

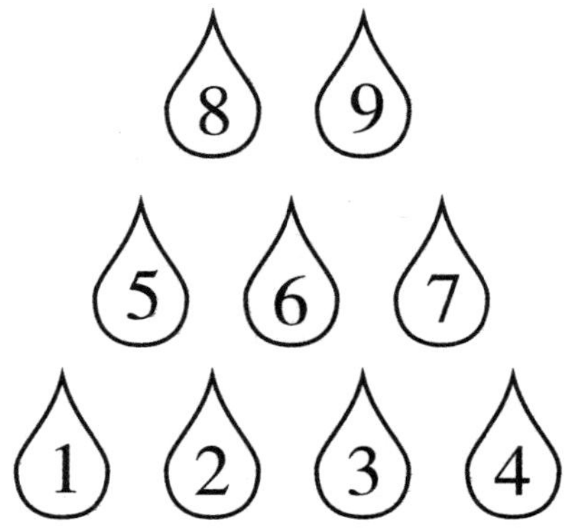

第九章

图形找规律

图形推理即通过给出的若干个图形之间的规律，从给出的选项中找出一个符合其规律的图形。

解答这类问题需要牢固掌握并灵活应用基础知识，还要有一定的推理、判断、联想、创新的能力。

（1）特征分析法

特征分析法是从题目中的典型图形、构成图形的典型元素出发，大致确定图形推理规律的范围，再结合其他图形和选项确定图形推理规律的分析方法。

一般常用的图形特征有：封闭性、对称性、直曲性、结构特征等。

例 1

根据所给图形的规律，下一个图形应该是哪个？

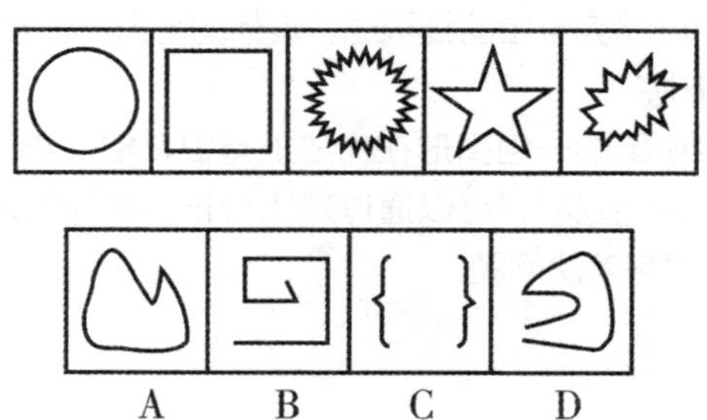

解答

选择 A。只有 A 和给出的图形规律相同，即是闭合的图形。

（2）求同分析法

有的时候，给出的图形形状各异，没有什么明显规律，此时可以通过寻找这组图形的相同点，来确定其规律，这种方法叫求同分析法。

例 2

下面给的四个选项中，哪一个图形与所给图形是同一类的？

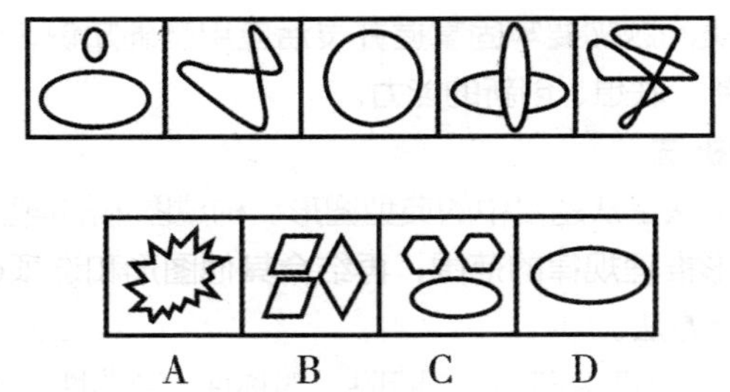

解答

选择 D。上图五个图案看不出什么变化的规律，但都是由曲线组成的，只有 D 是完全由曲线构成，其他的图形中都含有直线。

（3）对比分析法

当题目中所给的一组图形在构成上有很多相似点，但通过求同分析法无法解决问题时，可以通过对比分析，寻找图形间的细微差别或者转化方式来解决问题。

例 3

根据所给图形的规律，下一个图形应该是哪个？

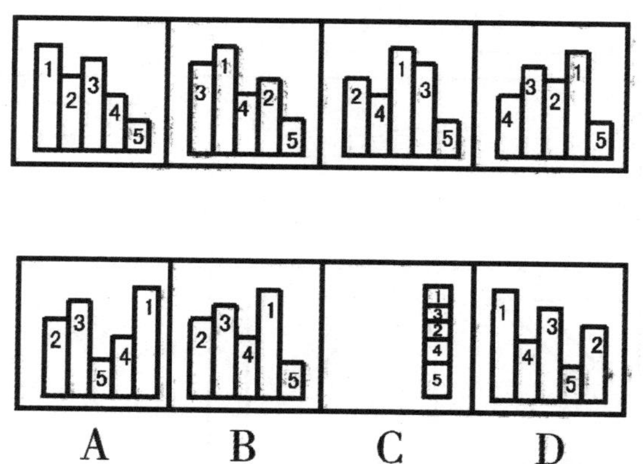

解答

选择 C。所有的图形都是由标号 1 ~ 5 的五个竖条组成。规律为每根竖条按照它上面标的数字来移动，标“1”的每次向右移动 1 格，标“2”的每次向右移动 2 格……向右移出范围了就从左边出现。这样第四次移动后，所有的竖条都出现在第五条的位置，也就是 C 选项。

（4）位置分析法

位置分析法是根据组成图形的不同小图形间的相对位置的变化，或者同一个图形的位置、角度变化，找出特定的规律的方法。

一般通过移动、旋转、翻转等方式形成图形的位置变化。

例 4

根据所给图形的规律，问号处应该填什么图形？

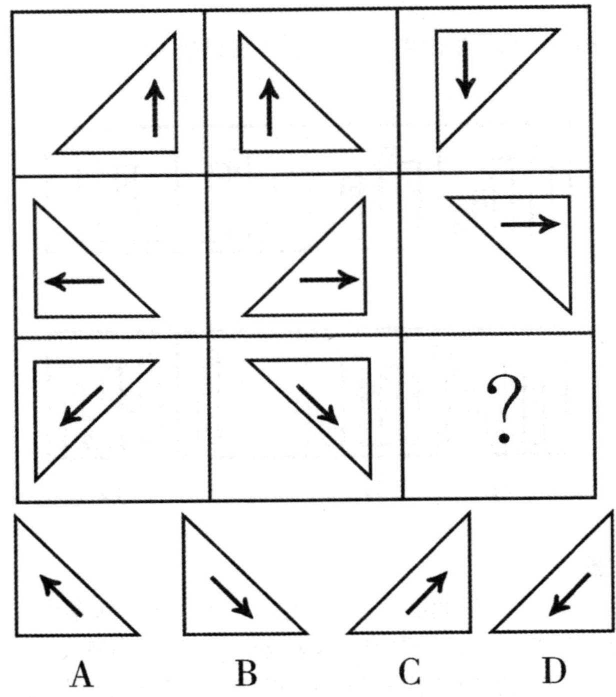

解答

选择 C。每一行都有这样的规律，第一个图案左右翻转得到第二个图案；第二个图案上下翻转得到第三个图案。

（5）综合分析法

大多数图形推理题目都不是通过单一方法可以解决的，需要综合运用不同推理方法，只有这样才能应对所有的图形推理题目。

例 5

从选项中找出一个图形填在题目中的问号处，使所给的九个图形符合某一特定的规律。

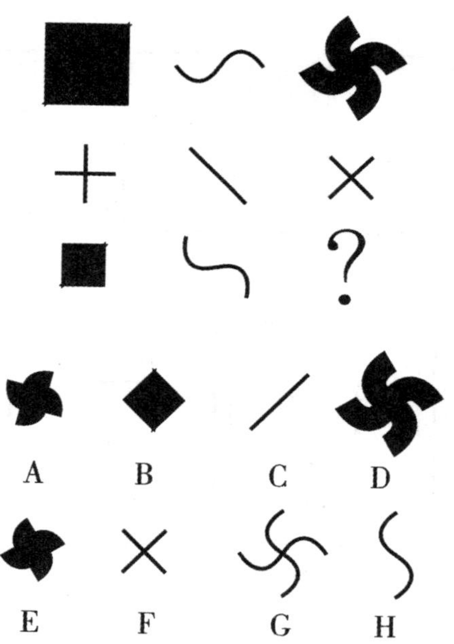

解答

选择 E。第一行的正方形经过扭曲变换成风车状；第二行中，加号经过倾斜变成乘号；第三行的小正方形要经过扭曲和倾斜两种变换，得到的就是所要的图形。

308. 下一个图形

中级　　难度星级：☆☆★★★　　知识点：图形规律

按照所给出的 3 个图形的规律，找出下一个图形是哪个？

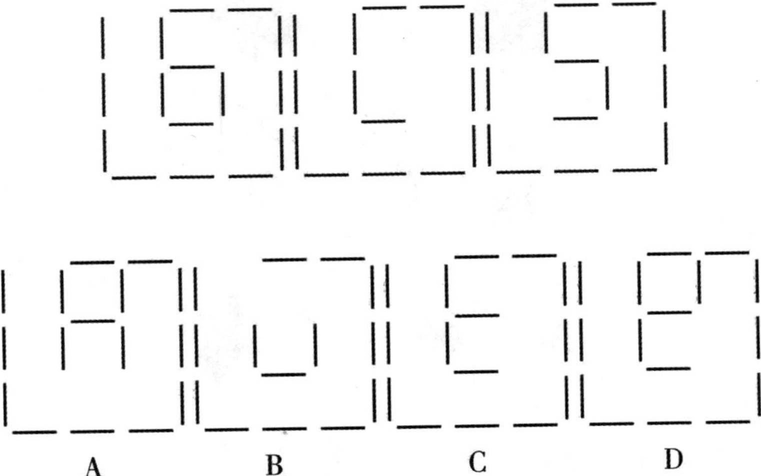

309. 奇妙的变换

中级　　难度星级：☆☆★★★　　知识点：图形规律

从选项中找出一个图形填在题目中的问号处，使所给的 9 个图形符合某一特定的规律。

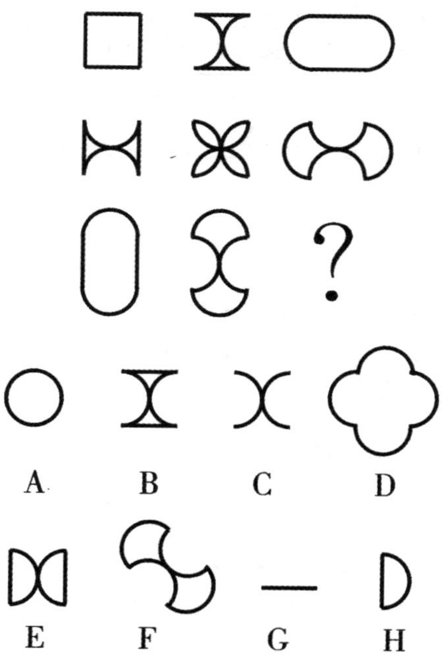

310. 小圆点

中级　　难度星级：☆☆★★★　　知识点：图形规律

根据所给图形的规律，问号处应该填什么图形？

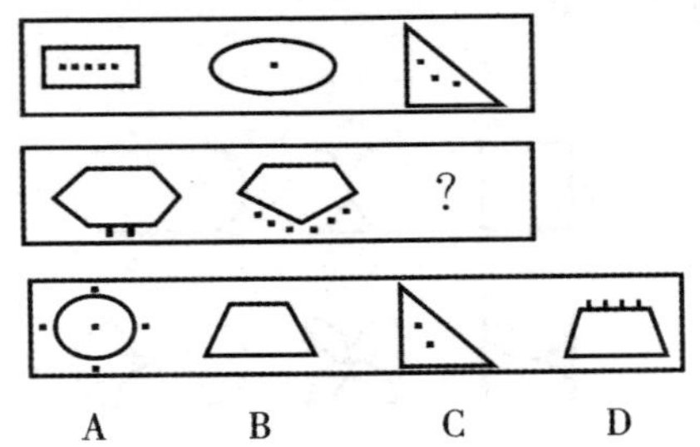

311. 黑点

中级　　难度星级：☆☆★★★　　知识点：图形规律

从选项中找出一个图形填在题目中的问号处，使所给的 9 个图形符合某一特定的规律。

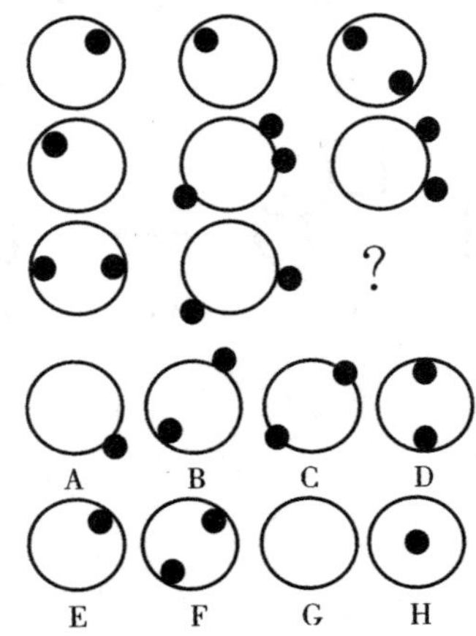

312. 神奇的规律

中级　　难度星级：☆☆★★★　　知识点：图形规律

根据所给图形的规律，问号处应该填什么图形？

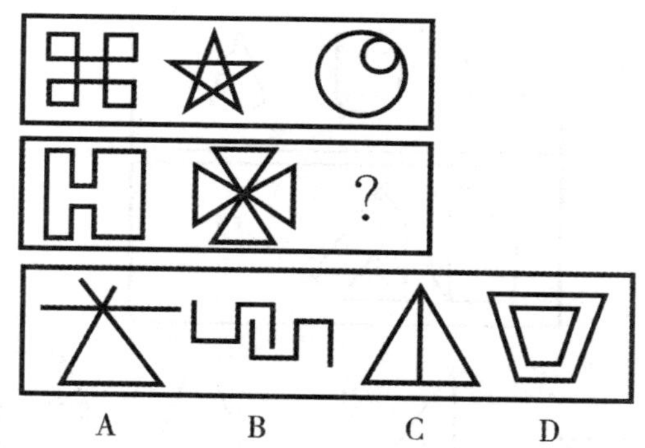

313. 线条的规律

中级　　难度星级：☆☆★★★　　知识点：图形规律

根据所给图形的规律，问号处应该填什么图形？

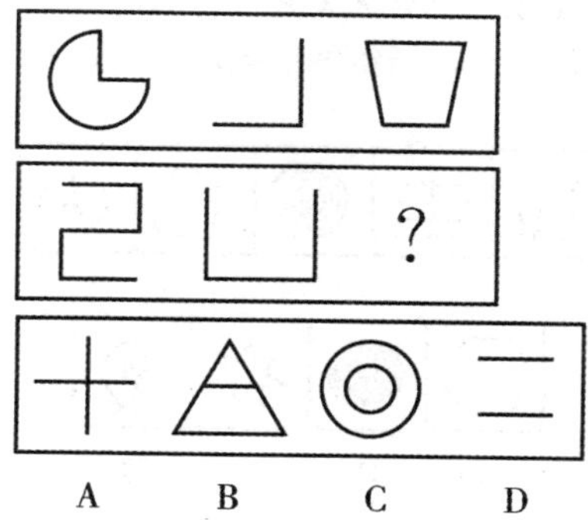

314. 立体图

中级　　难度星级：☆☆★★★　　知识点：图形规律

根据所给图形的规律，问号处应该填什么图形？

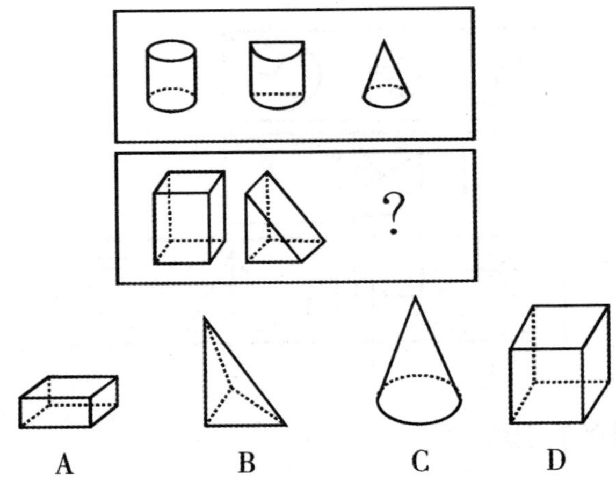

315. 螺旋曲线

中级　　难度星级：☆☆★★★　　知识点：图形规律

下列选项中，哪一个与所给图形的规律相同？

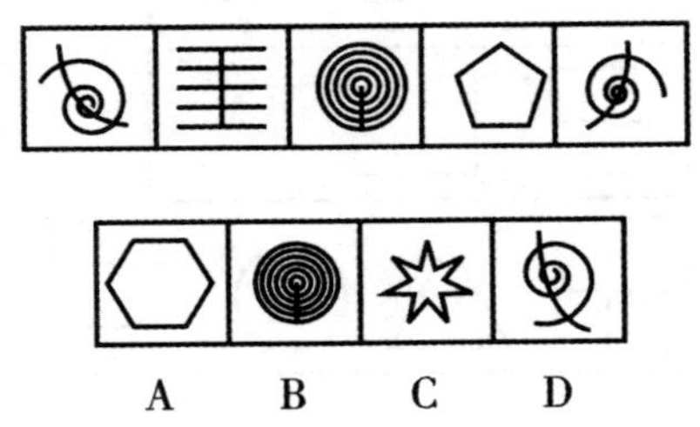

316. 圆与方块

中级　　难度星级：☆☆★★★　　知识点：图形规律

根据所给图形的规律，下一个图形应该是哪个？

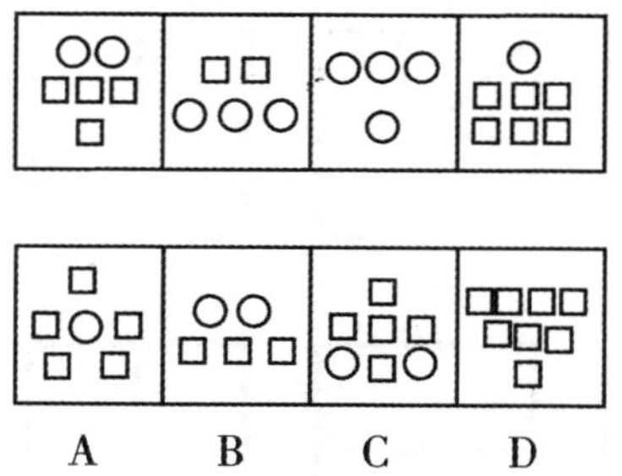

317. 直线与黑点

中级　　难度星级：☆☆★★★　　知识点：图形规律

根据所给图形的规律，下一个图形应该是哪个？

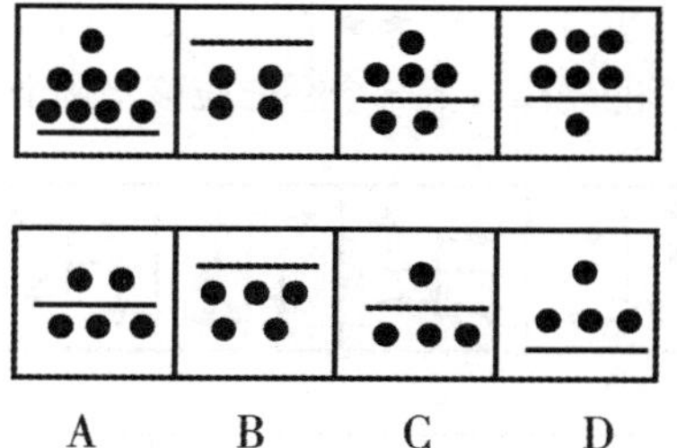

318. 折线

中级　　难度星级：☆☆★★★　　知识点：图形规律

根据所给图形的规律，下一个图形应该是哪个？

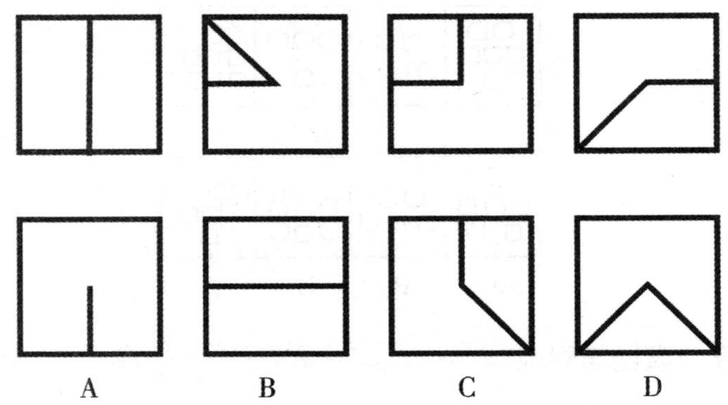

319. 转弯的箭头

中级　　难度星级：☆☆★★★　　知识点：图形规律

根据所给图形的规律，下一个图形应该是哪个？

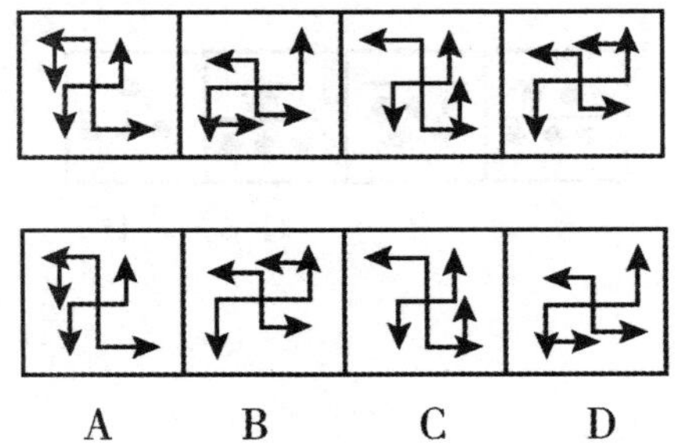

320. 螺旋线

中级　　难度星级：☆☆★★★　　知识点：图形规律

根据所给图形的规律，问号处应该填什么图形？

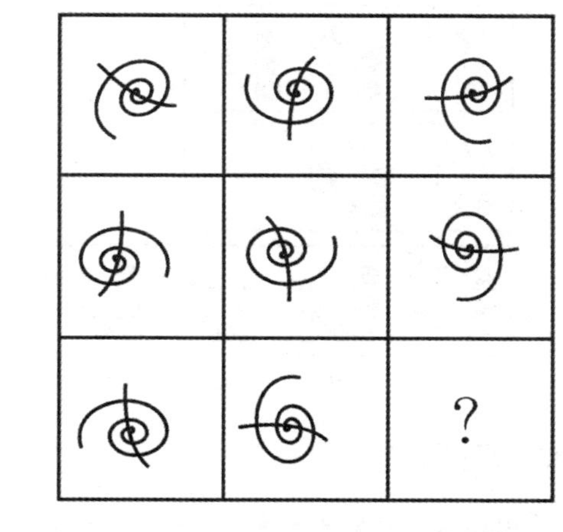

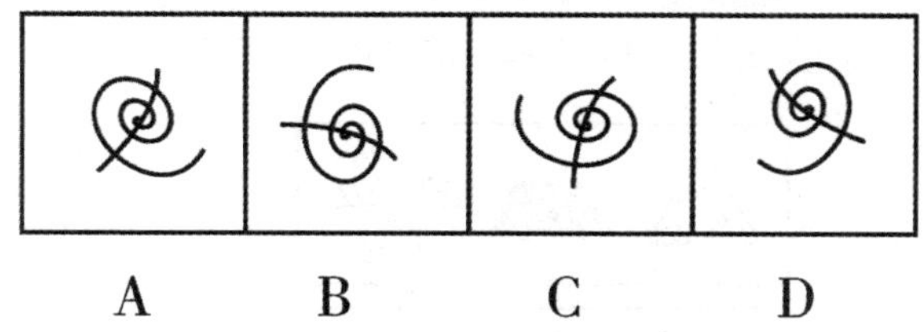

A　　B　　C　　D

321. 黑白点游戏

中级　　难度星级：☆☆★★★　　知识点：图形规律

根据所给图形的规律，问号处应该填什么图形？

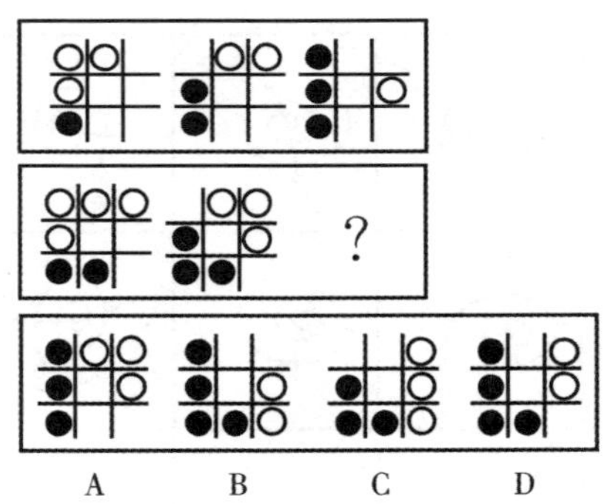

322. 带斜线的三角

中级　　难度星级：☆☆★★★　　知识点：图形规律

根据所给图形的规律，问号处应该填什么图形？

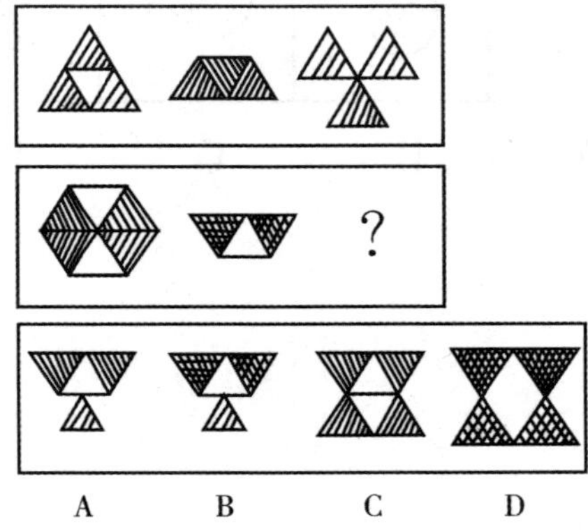

323. 黑白变换

中级　　难度星级：☆☆★★★　　知识点：图形规律

根据所给图形的规律，问号处应该填什么图形？

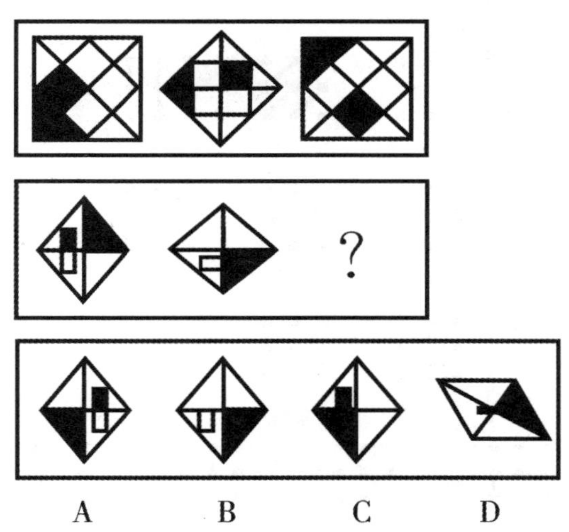

324. 九点连线

中级　　难度星级：☆☆★★★　　知识点：图形规律

从选项中找出一个图形填在题目中的问号处，使所给的 9 个图形符合某一特定的规律。

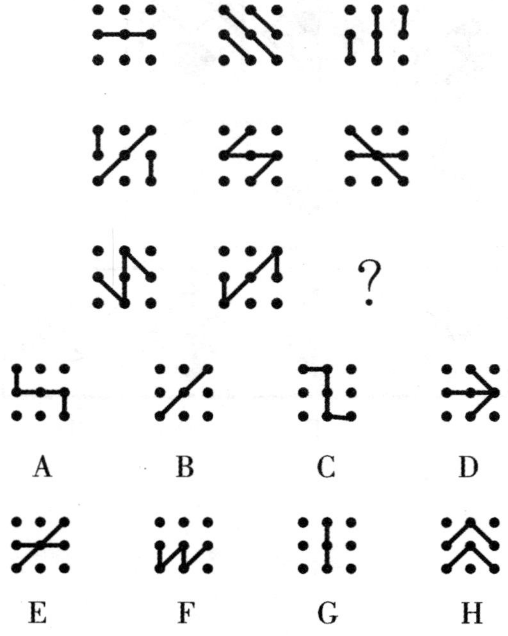

325. 四条线段

中级　　难度星级：☆☆★★★　　知识点：图形规律

从选项中找出一个图形填在题目中的问号处，使所给的 9 个图形符合某一特定的规律。

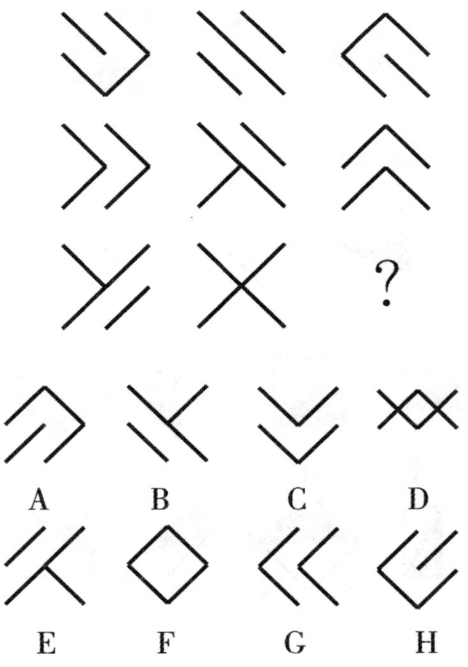

326. 双色方块

中级　　难度星级：☆☆★★★　　知识点：图形规律

从选项中找出一个图形填在题目中的问号处，使所给的 9 个图形符合某一特定的规律。

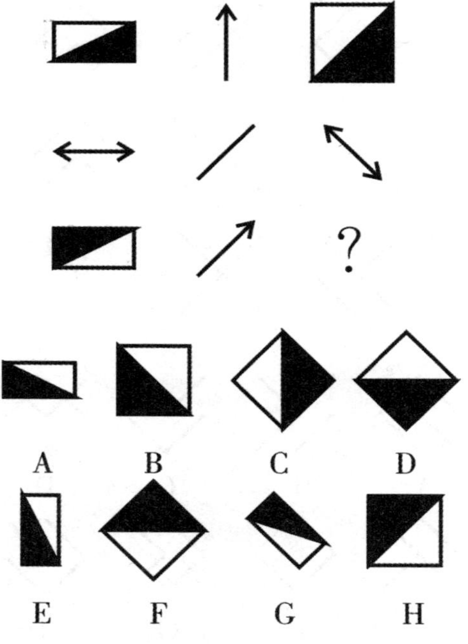

327. 线条与汉字

中级　　难度星级：☆☆★★★　　知识点：图形规律

根据所给图形的规律，下一个图形应该是哪个？

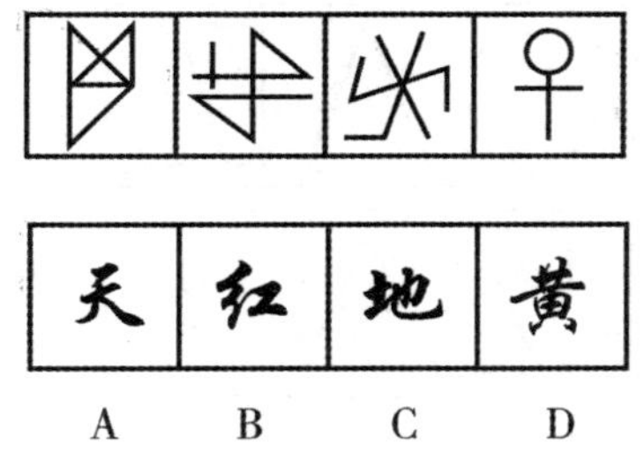

328. 文字规律

中级　　难度星级：☆☆★★★　　知识点：图形规律

根据所给图形的规律，问号处应该填什么图形？

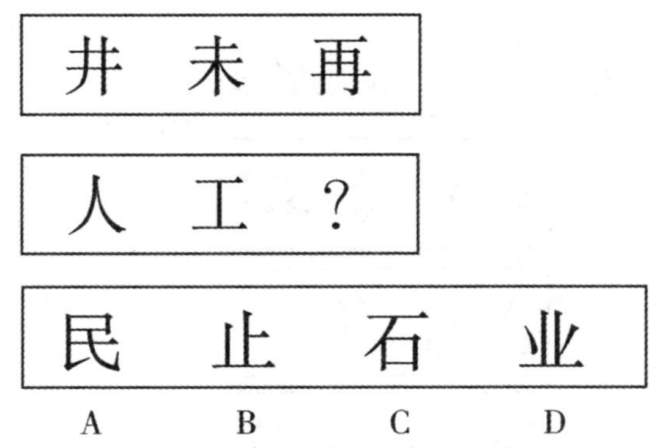

329. 切割

中级　　难度星级：☆☆★★★　　知识点：图形规律

根据所给图形的规律，问号处应该填什么图形？

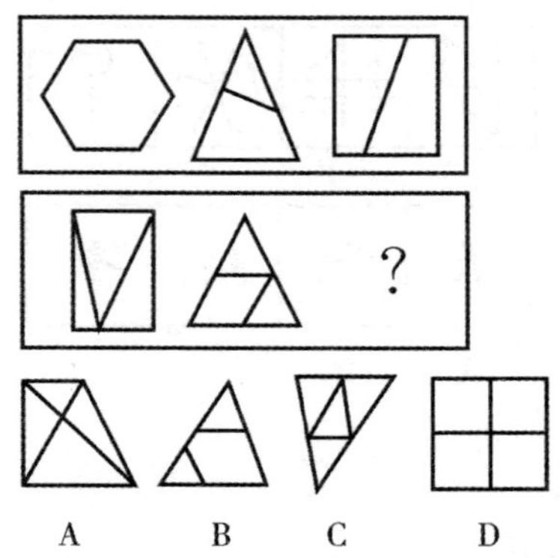

330. 奇怪图形

中级　　难度星级：☆☆★★★　　知识点：图形规律

根据所给图形的规律，问号处应该填什么图形？

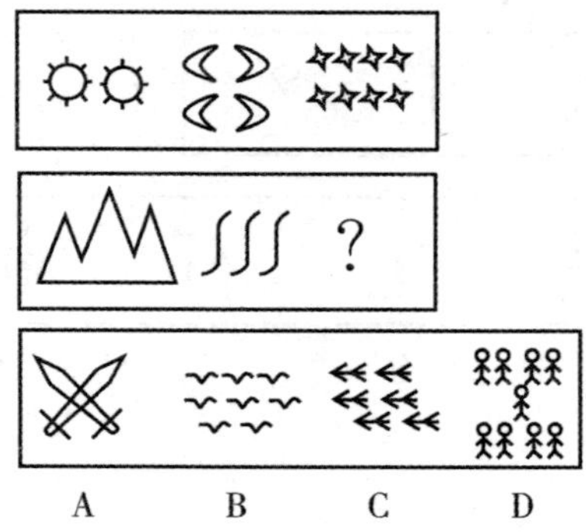

331. 超复杂图形

中级　　难度星级：☆☆★★★　　知识点：图形规律

根据所给图形的规律，问号处应该填什么图形？

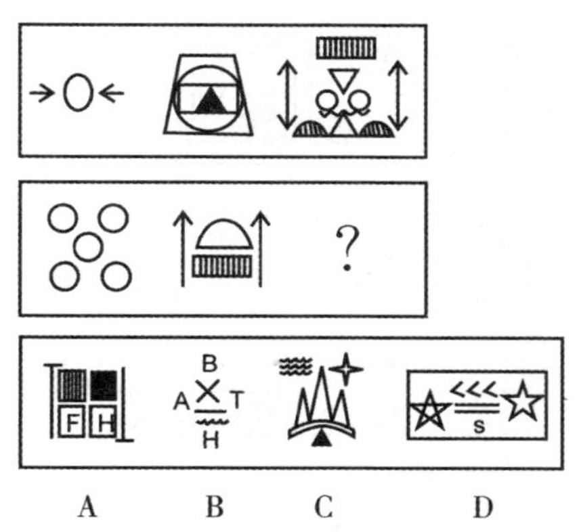

332. 分割火炬

中级　　难度星级：☆☆★★★　　知识点：图形规律

根据所给图形的规律，问号处应该填什么图形？

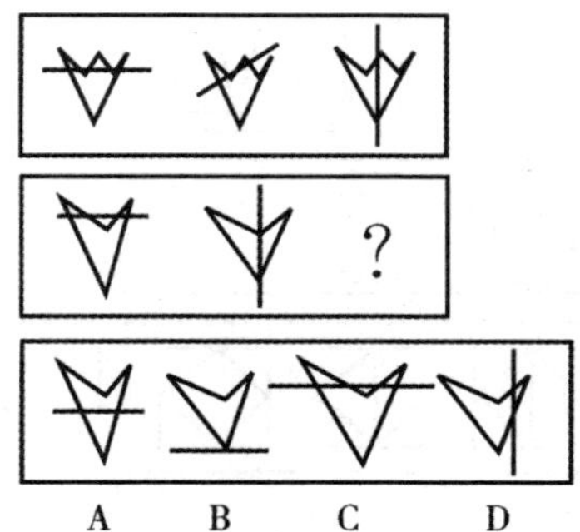

333. 圆圈方块

中级　　难度星级：☆☆★★★　　知识点：图形规律

根据所给图形的规律，问号处应该填什么图形？

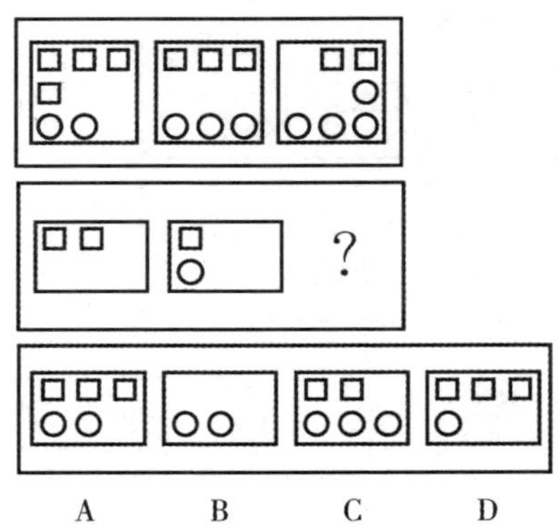

334. 变换的梯形

中级　　难度星级：☆☆★★★　　知识点：图形规律

根据所给图形的规律，问号处应该填什么图形？

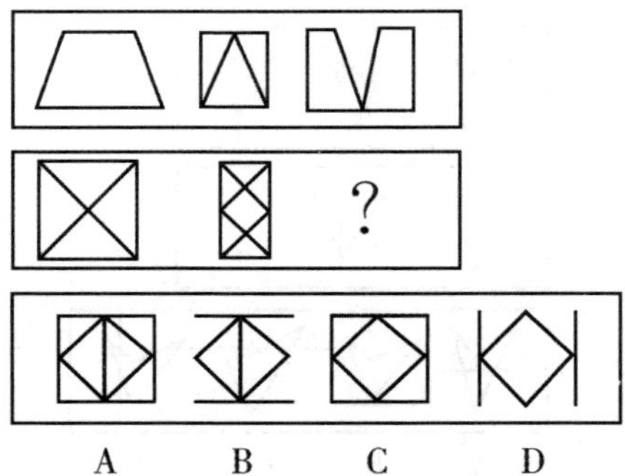

335. 黑点与白点

中级　　难度星级：☆☆★★★　　知识点：图形规律

从选项中找出一个图形填在题目中的问号处，使所给的 9 个图形符合某一特定的规律。

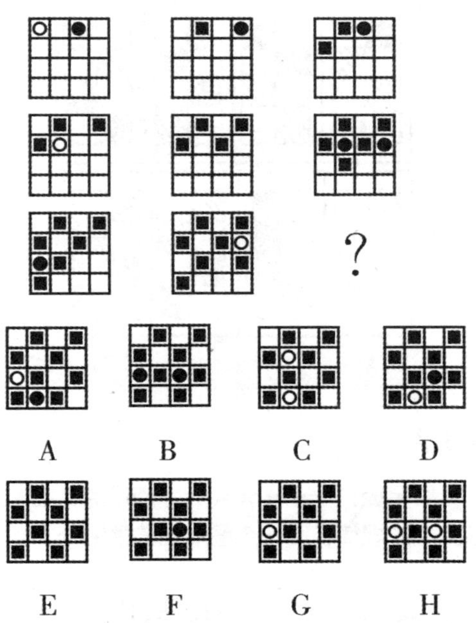

336. 三色方格

中级　　难度星级：☆☆★★★　　知识点：图形规律

根据所给图形的规律，下一个图形应该是哪个？

337. 黑白方格

中级　　难度星级：☆☆★★★　　知识点：图形规律

根据所给图形的规律，下一个图形应该是哪个？

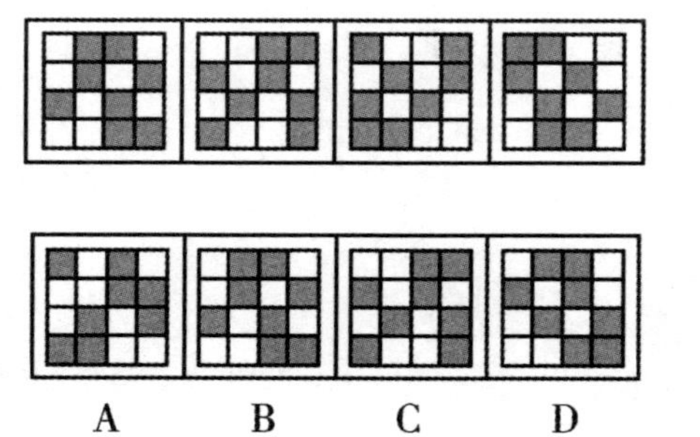

338. 奇妙的规律

中级　　难度星级：☆☆★★★　　知识点：图形规律

根据所给图形的规律，问号处应该填什么图形？

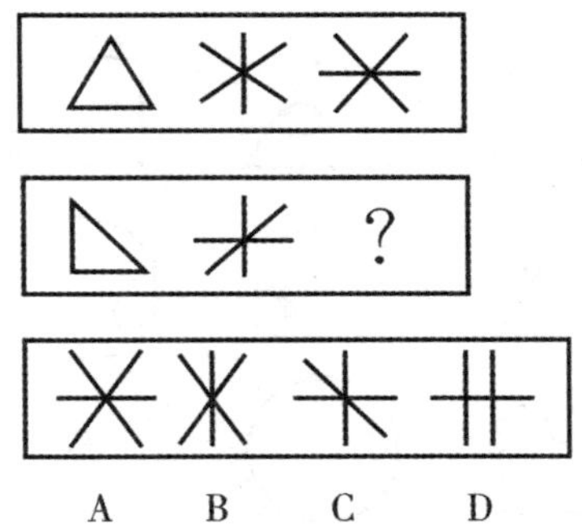

339. 图形组合（1）

中级　　难度星级：☆☆★★★　　知识点：图形规律

根据所给图形的规律，问号处应该填什么图形？

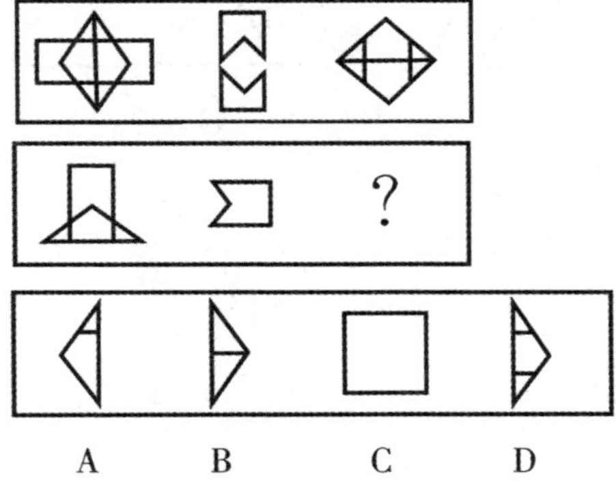

340. 黑白点

中级　　难度星级：☆☆★★★　　知识点：图形规律

从选项中找出一个图形填在题目中的问号处，使所给的 9 个图形符合某一特定的规律。

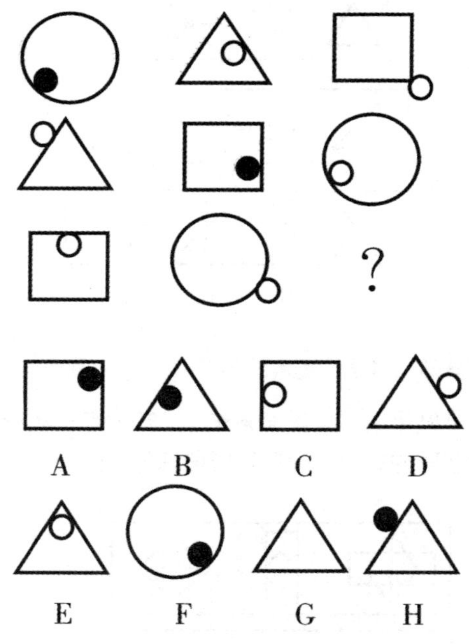

341. 三叶草

中级　　难度星级：☆☆★★★　　知识点：图形规律

从选项中找出一个图形填在题目中的问号处，使所给的 9 个图形符合某一特定的规律。

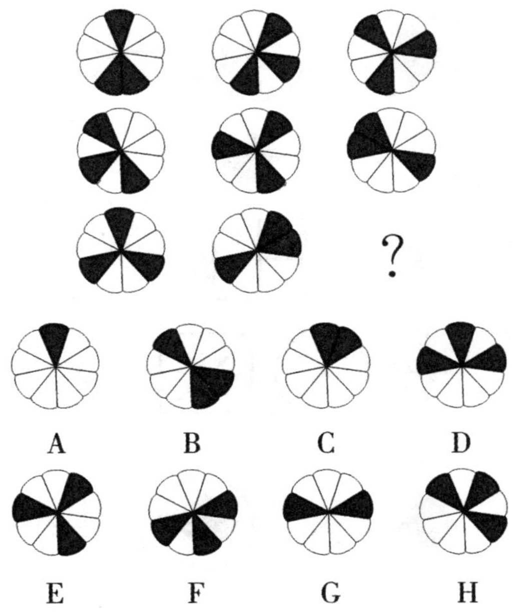

342. 图形组合（2）

中级　　难度星级：☆☆★★★　　知识点：图形规律

从选项中找出一个图形填在题目中的问号处，使所给的 9 个图形符合某一特定的规律。

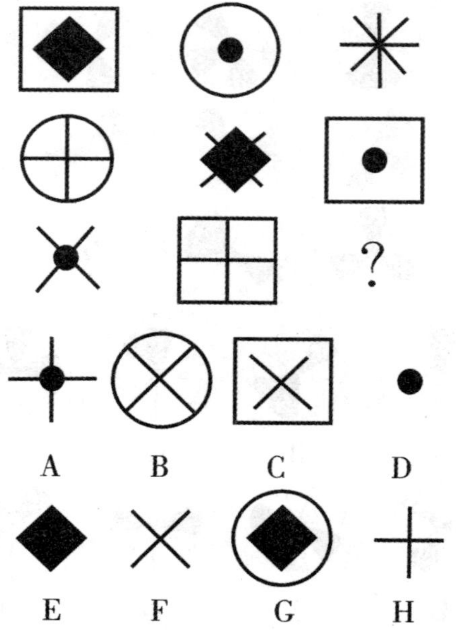

343. 三色柱状图

中级　　难度星级：☆☆★★★　　知识点：图形规律

从选项中找出一个图形填在题目中的问号处，使所给的 9 个图形符合某一特定的规律。

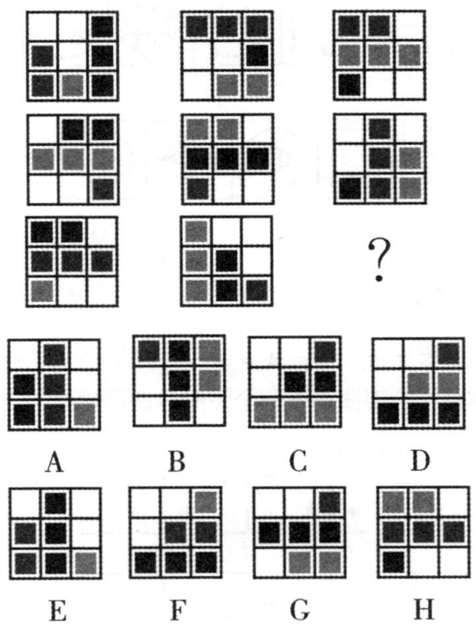

344. 放大与缩小

中级　　难度星级：☆☆★★★　　知识点：图形规律

根据所给图形的规律，下一个图形应该是哪个？

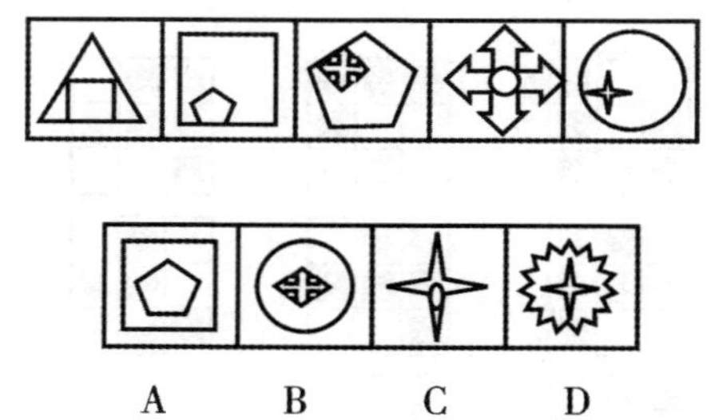

345. 上下平衡

中级　　难度星级：☆☆★★★　　知识点：图形规律

根据所给图形的规律，下一个图形应该是哪个？

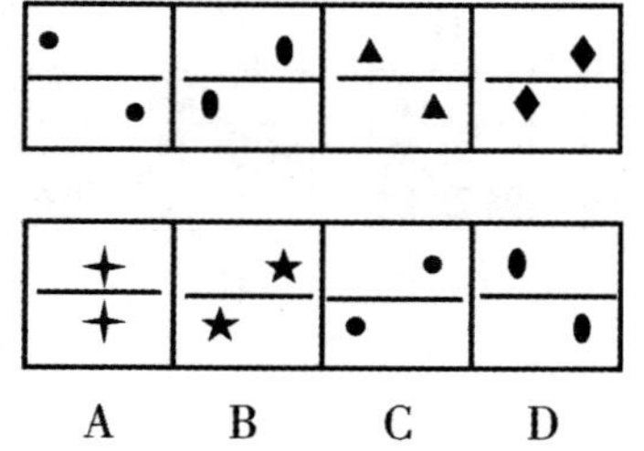

346. 复杂的图形（1）

中级　　难度星级：☆☆★★★　　知识点：图形规律

根据所给图形的规律，问号处应该填什么图形？

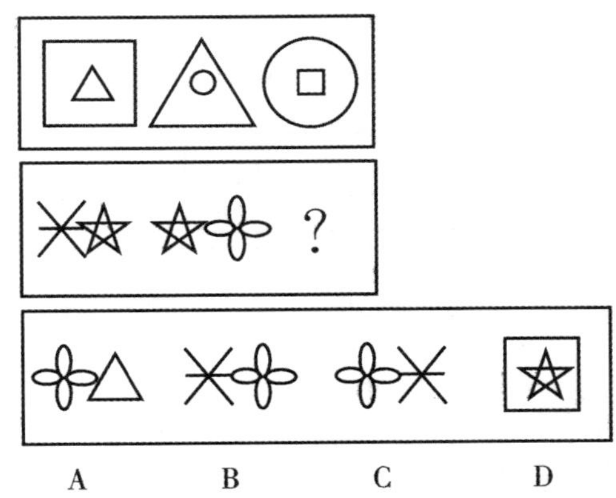

347. 复杂的图形（2）

中级　　难度星级：☆☆★★★　　知识点：图形规律

根据所给图形的规律，问号处应该填什么图形？

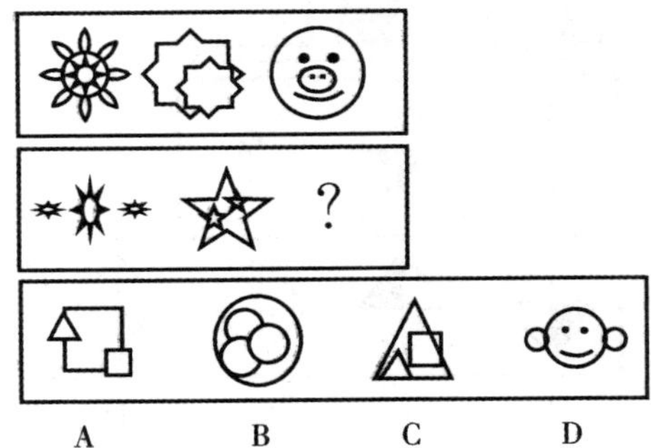

348. 花瓣图形

中级　　难度星级：☆☆★★★　　知识点：图形规律

根据所给图形的规律，问号处应该填什么图形？

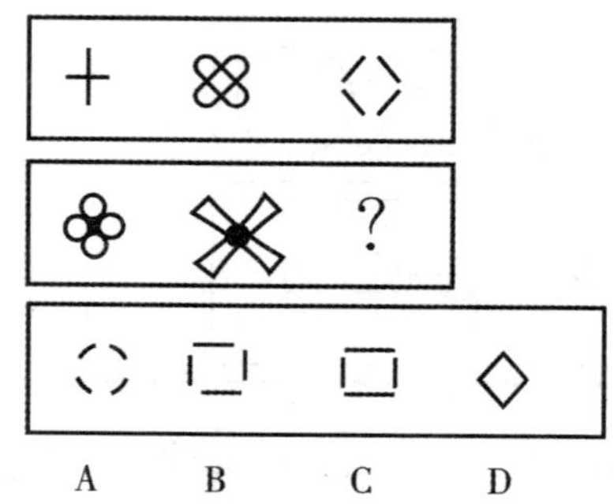

349. 涂黑的三角形

中级　　难度星级：☆☆★★★　　知识点：图形规律

根据所给图形的规律，问号处应该填什么图形？

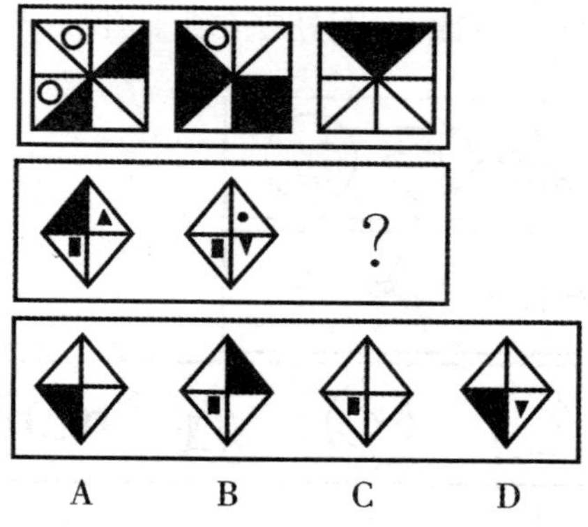

350. 星光闪闪

中级　　难度星级：☆☆★★★　　知识点：图形规律

根据所给图形的规律，问号处应该填什么图形？

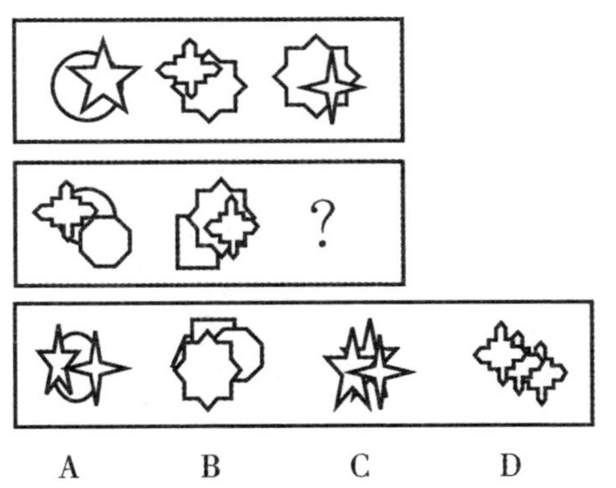

351. 组合的规律

中级　　难度星级：☆☆★★★　　知识点：图形规律

根据所给图形的规律，问号处应该填什么图形？

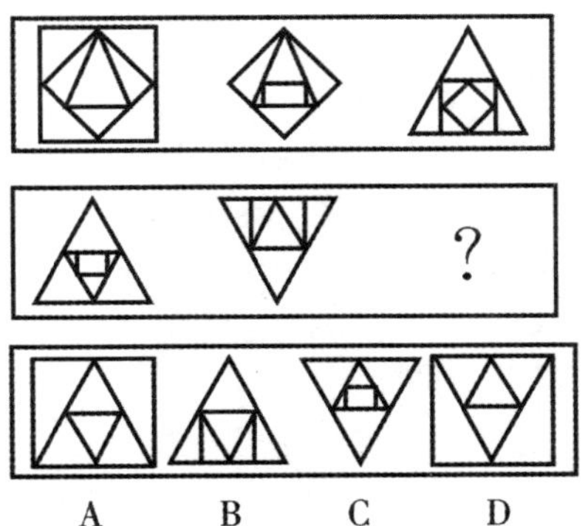